読めそうで

読めない漢字2000

一校舎漢字研究会 編

永岡書店

はじめに

みなさんは「一入」と書かれた漢字を見て、何と読みますか。
「一」も「入」も小学校低学年で習うやさしい漢字ですが、これを「ひとしお」と読める人は意外と少ないのではないでしょうか。

また、新聞やインターネットのニュースなどで目にする言葉の中には、「改竄」「僥倖」「忖度」などのような、常用漢字以外の漢字が用いられることも少なくありません。

パソコンやインターネット、ＡＩなどの普及によって、私たちは手軽に情報を引き出すことができるようになりました。そんな時代だからこそ、膨大な情報を正しく操る力が求められています。

本書では、言葉としては馴染み深いけれど、いざ漢字で書いてあるとなかなか読めない語をさまざまな分野から厳選して収録しました。

難易度によって「常識編」「実力編」「超難読編」の三つの章に分けてあります。

本書が、知的で豊かな生活のために、少しでもお役にたてればと願ってやみません。

一校舎漢字研究会

目次

第1章

常識編

この章では、常用漢字表に定められた漢字を用いた語および常用漢字以外の漢字を用いた語のうち、ごく日常的に使われているものを収録しました。

●漢字検定レベル　主に2級～準1級

篝火	遮蔽	嫉妬	女婿
紺碧	銑鉄	鋳鉄	肥沃
夜伽	素封家	瞞着	十二単
慟哭	大字	野暮	瞠目
一艘	贅沢	颱風	乖離
技倆	猪突猛進	暖簾	披瀝

じょせい
娘むこ。

しっと
ねたみ。ジェラシー。

しゃへい
さえぎって見えなくすること。

かがりび
夜間の警備や漁などのためにたく火。

ひよく
土地が肥えていること。

ちゅうてつ
鋳造に適した鉄の合金。

せんてつ
「ずくてつ」とも読む。炉で溶かしたばかりの不純な鉄。

こんぺき
濃い青色。

じゅうにひとえ
平安時代の女官の服装。

まんちゃく
ごまかすこと。欺くこと。

そほうか
資産家。財産家。

よとぎ
夜寝ずに付き添うこと。共寝をすること。

どうもく
目を見張ること。驚きをもって見ること。

やぼ
洗練されていないこと。世事に疎いこと。

おおあざ
町や村の中の区画。

どうこく
大声で泣くこと。

かいり
かけ離れていること。

たいふう
夏から初秋にかけて発生する暴風雨。

ぜいたく
必要以上に費用をかけるさま。身をわきまえないさま。

いっそう
「艘」は船を数える語。

ひれき
心中を素直にさらけ出すこと。

のれん
店の軒先に下げる日よけの布。

ちょとつもうしん
まっしぐらに突進すること。

ぎりょう
腕まえ。手腕。

倹しい

愈愈

挟撃

箴言

汀

歩哨

欣喜雀躍

無辜

師走

香車

惑溺

寄席

舌鼓

辱める

措く

諷刺

現

嗚咽

甲殻類

否む

後裔

朦朧

走狗

偸盗

つましい
質素だ。

いよいよ
ますます。とうとう。ついに。

きょうげき
両側から敵を挟み撃ちにすること。

しんげん
格言。戒め。

みぎわ
水際。「なぎさ」とも読む。

ほしょう
監視・警戒の任務にある歩兵。

きんきじゃくやく
小躍りして喜ぶこと。

むこ
罪のないこと。「無辜の民」

しわす
陰暦十二月の異称。

きょうしゃ
将棋の駒の一つ。

わくでき
あることに夢中になり正しい判断ができなくなること。

よせ
人を集めて落語などを聞かせる場。

したつづみ
料理を賞味して舌を鳴らすこと。

はずかしめる
恥をかかせる。地位や名誉をけがす。

おく
やめる。除く。「筆を措く」

ふうし
他のことにかこつけて批判すること。

うつつ
現実。正気。

おえつ
むせび泣くこと。

こうかくるい
体が殻で覆われている生物。エビやカニの類。

いなむ
否定する。断る。

こうえい
子孫。

もうろう
ぼんやりしていて、正体がつかめないさま。

そうく
手先。

ちゅうとう
泥棒。盗人。

頭巾

終焉

兵糧

逢着

行脚

柳眉

乃ち

脚気

硯

蠕動

雲霞

攪拌

縋る

修験者

糠味噌

偲ぶ

揮毫

涎

倨傲

峻厳

亜米利加

居丈高

歯槽膿漏

面舵

ずきん
頭にかぶる布製のもの。

しゅうえん
死ぬこと。物事が終わること。

ひょうろう
軍隊の食糧。「兵糧攻め」は敵軍の食糧を断つ戦法。

ほうちゃく
出くわすこと。

あんぎゃ
僧が諸国をめぐって修行すること。

りゅうび
女性の美しい眉。「柳眉を逆立てる」は美人が怒る意。

すなわち
そこで。

かっけ
ビタミンB1の欠乏のために起こる足のしびれやむくみ。

すずり
墨をするための石の道具。

ぜんどう
うごめくこと。消化に伴う胃や腸の動き。

うんか
雲とかすみ。転じて人が大勢いることのたとえ。

かくはん
「こうはん」とも読む。かきまぜること。

すがる
しがみつく。頼る。依存する。

しゅげんじゃ
山中で難行・苦行を行って仏道を修める行者。

ぬかみそ
米糠に塩を加えて醱酵させたもの。漬物を作る。

しのぶ
思い起こして懐かしむ。「故人を偲ぶ」

きごう
筆を執って字や絵をかくこと。

よだれ
口から垂れたつば。

きょごう
威張って人を見下すさま。

しゅんげん
おごそかで厳しいさま。

アメリカ
アメリカ大陸。特にアメリカ合衆国を指す。

いたけだか
相手をおさえつけるような態度。

しそうのうろう
歯茎からうみが出る病気。

おもかじ
船の舵を右にとること。

瀟洒

弁える

白無垢

紡ぐ

濾過

穀潰し

砥石

舎人

膠着

愛妾

芳醇

拉致

疳の虫

成就

怪訝

梗塞

逓信

折檻

三十路

漸進

鋏

掬う

杏子

舳先

しょうしゃ
シックで洗練されているさま。

わきまえる
物の道理を心得る。分別する。

しろむく
白一色の着物。

つむぐ
綿や繭から引き出した繊維をよって糸にする。

ろか
液体や気体をこして、固形物を取り除くこと。

ごくつぶし
食べるだけで何のとりえもない者。

といし
刃物を研ぐための石。

とねり
皇族や貴族に仕えて、雑務を行った下級官吏。

こうちゃく
物事の状態が固定して動かなくなること。

あいしょう
かわいがっている愛人。妻以外の恋人。

ほうじゅん
酒などの香りがよいさま。

らち
無理に連れ去ること。

かんのむし
夜泣きをしたり発作的に興奮したりする性質。

じょうじゅ
物事が実現すること。

けげん
「かいが」とも読む。不思議がるさま。

こうそく
ふさがって通じなくなること。「心筋梗塞」

ていしん
郵便や電信・電話などを取り次ぐこと。

せっかん
体罰を与えて懲らしめること。

みそじ
三十歳。

ぜんしん
徐々に進むこと。

はさみ
紙などを挟んで切る道具。

すくう
液体などをくみとる。「谷川の水を掬って飲む」

あんず
梅に似た果樹。ジャムなどの材料になる。

へさき
船首。

石高

陋巷

霊廟

鮪

建立

煩悩

困憊

僧正

鑑みる

火影

緘口令

拵える

進捗

木端微塵

五臓六腑

一期一会

出穂期

炭団

僅少

鍔

宥和

押韻

彽徊

時宜

こくだか
米の収穫量。江戸時代の武士の扶持高（ふちだか）。

ろうこう
狭くてきたない町なか。

れいびょう
先祖などの霊をまつった建物。

まぐろ
サバ科の大形の魚。

こんりゅう
仏教の堂や塔を建てること。

ぼんのう
仏教の修行の妨げとなる欲望や情念など。

こんぱい
疲れ果てること。「疲労困憊」

そうじょう
僧官の一つ。最上級の位。

かんがみる
諸事情を考え合わせて判断する。

ほかげ
火の光。灯火の光にうつしだされた物影。

かんこうれい
勝手な発言を禁じる命令。

こしらえる
作り出す。

しんちょく
作業などがはかどること。

こっぱみじん
粉々に砕けること。

ごぞうろっぷ
体の内部のすべて。

いちごいちえ
一生に一度だけの出会い。

しゅっすいき
イネの穂が出る時期。

たどん
炭の粉をこねてまるめた燃料。

きんしょう
ほんのわずか。

つば
刀の柄と刀身との間に挟む鉄板。帽子の突き出た部分。

ゆうわ
相手の態度を大目に見て、仲良くすること。

おういん
詩歌で、韻をふむこと。

ていかい
考え事をしながら歩き回ること。「低徊趣味」

じぎ
ちょうどいい時期。「時宜にかなった挨拶」

馨しい

孕む

軍鶏

諂る

籐椅子

絞殺

邂逅

烏合

生贄

在処

有耶無耶

拘泥

一頻り

宰相

憑依

杜氏

雑炊

若人

呂律

上梓

呪詛

擽る

招聘

錯綜

かぐわしい
香りがよい。美しい。

はらむ
妊娠する。含み持つ。「危険を孕む」

シャモ
闘鶏用の大形のニワトリ。

はかる
意見を聞く。相談する。

とういす
籐を編んで作ったいす。

こうさつ
首を絞めて殺すこと。「絞殺死体が発見される」

かいこう
思いがけなく再会すること。巡り会うこと。

うごう
「烏合の衆」で、統一のとれない集団。

いけにえ
生きたまま神に供える生き物。

ありか
ある場所。いる場所。

うやむや
はっきりしないままにしておくさま。

こうでい
こだわること。

ひとしきり
盛んな状態がしばらく続くさま。「雨が一頻り降った」

さいしょう
総理大臣。首相。

ひょうい
神や霊魂がのりうつること。

とうじ
「とじ」とも読む。酒を造る職人。

ぞうすい
野菜などを入れたかゆ。

わこうど
若者。

ろれつ
言葉の調子。「呂律が回らない」

じょうし
本などを出版すること。

じゅそ
のろい。

くすぐる
皮膚に触れてこそばゆい気持ちにさせる。

しょうへい
人を招くこと。

さくそう
複雑に入り組むこと。

杓子

反物

磊落

虚無僧

松明

牛車

山襞

豹変

玉石混淆

息吹

篆書

轍

癇癪

庫裏

逼迫

虎視眈眈

囮

読点

陰翳

俄雨

某

玉の輿

腋臭

茄子

しゃくし
食べ物をすくったり、よそったりする道具。

たんもの
織物。または呉服。「反（たん）」は布の長さの単位。

らいらく
大まかで細かいことにこだわらないさま。「豪放磊落」

こむそう
尺八を吹きながら行脚（あんぎゃ）する僧。

たいまつ
松・竹・葦（あし）などを束ねて火をつけた昔の照明具。

ぎっしゃ
平安時代、牛に引かせた貴族の乗物。

やまひだ
着物のひだのように見える山肌。

ひょうへん
態度などががらりと変わること。

ぎょくせきこんこう
優れたものと劣ったものとが入りまじっていること。

いぶき
息。気配。「春の息吹を感じる」

てんしょ
漢字の書体の一つ。

わだち
車が通った後に残る車輪の跡。

かんしゃく
かっとなりやすい性質。

くり
寺の台所。

ひっぱく
差し迫ること。経済的に行き詰まること。

こしたんたん
油断なく機会をうかがっているさま。

おとり
敵などを誘い寄せるために利用するもの。

とうてん
「、」のこと。

いんえい
光の当たらない暗い部分。転じて深い味わい。

にわかあめ
一時的に降る雨。

なにがし
「それがし」とも読む。だれそれ。何とかという人。

たまのこし
女性が富豪との結婚によって得る富貴な身分。

わきが
わきの下から出るいやなにおい。

なす
ナス科の一年草。

善哉

梗概

顆粒

食扶持

古稀

不撓不屈

清清しい

氷雨

攘夷

叢

捲土重来

青痣

付箋

永訣

凱旋

薙刀

春宵

袂

普請

劫初

猜疑

殺ぐ

雪崩

依怙地

ぜんざい
餡（あん）をまぶしたもち。関西では「お汁粉」を指す。

こうがい
物語などのあらまし。

かりゅう
小さな粒。

くいぶち
食べていくための費用。生活費。

こき
七十歳の異称。

ふとうふくつ
困難に遭ってもくじけないさま。

すがすがしい
さわやかで気持ちがよい。

ひさめ
ひょうやあられ、みぞれ。冷たい雨。

じょうい
入り込んできた外国人を追い出そうとすること。

くさむら
草の生い茂った所。

けんどちょうらい
「けんどじゅうらい」とも読む。敗者の巻き返し。

あおあざ
打撲などがもとで皮膚に生じた、青紫色の広がり。

ふせん
疑問点や注意点を示すために添付する紙切れ。

えいけつ
永遠の別れ。死別。

がいせん
戦いに勝利して帰ってくること。「凱旋パレード」

なぎなた
長い柄の先に、そった刃のついた武器。

しゅんしょう
春の夜。「春宵一刻直（あたい）千金」

たもと
着物の袖の、袋のようになっている部分。

ふしん
家などを建てたり直したりすること。

ごうしょ
この世の初め。

さいぎ
相手を信用せず、疑うこと。

そぐ
切り落とす。無くす。「興を殺ぐ」

なだれ
雪山などで、斜面の大量の雪が崩れ落ちる現象。

いこじ
意地を張るさま。

恐懼

高野聖

蘇鉄

無尽蔵

榎

彫心鏤骨

数珠

虐げる

乃至

嗣子

患う

瞑目

足袋

鯖

落剥

稜線

淘汰

蕩尽

訊問

汎神論

寂寥

潔い

苫屋

僭越

きょうく
恐れおののくこと。

こうやひじり
勧進のために高野山から諸国に出た僧。泉鏡花の小説。

そてつ
ソテツ科の常緑樹。

むじんぞう
無限にあること。

えのき
ニレ科の落葉高木。

ちょうしんるこつ
非常に苦心して詩文などを作ること。

じゅず
「ずず」とも読む。手にかける、玉を連ねた仏具。

しいたげる
むごい扱いをする。

ないし
または。

しし
跡とり。跡継ぎ。

わずらう
病気などにかかる。

めいもく
目を閉じること。死ぬこと。

たび
和装の際に足に履くもの。爪先が二つに分かれている。

さば
サバ科の海魚。

らくはく
はげ落ちること。

りょうせん
山の尾根の線。

とうた
生存競争の結果、不適格なものが滅びていくこと。

とうじん
浪費して財産を使い果たすこと。

じんもん
警官などが職務上の質問をすること。

はんしんろん
神があらゆる物の中に遍在するという考え。

せきりょう
ものさびしいさま。

いさぎよい
未練がましくなく、さっぱりしている。

とまや
苫で屋根をふいた小屋。

せんえつ
権限や身分以上に出すぎたことをすること。

呆気

養蚕業

薪

接吻

馬匹

数奇屋

蕨

匙

城址

如月

足枷

六書

双六

塹壕

狷介

遁世

竣工

瑠璃

浴衣

睦月

落人

別嬪

舌禍

田圃

あっけ
驚きあきれるさま。「呆気にとられる」

ようさんぎょう
カイコを飼うことをなりわいとすること。

たきぎ
「まき」とも読む。燃料にする木。

せっぷん
キス。口づけ。

ばひつ
馬のこと。

すきや
茶の湯のために建てた茶室。

わらび
シダの一種。早春にこぶし状に巻いた新葉を出す。

さじ
スプーン。

じょうし
城の跡。

きさらぎ
陰暦二月の異称。

あしかせ
足にはめる刑具。転じて自由を制する事物を言う。

りくしょ
漢字の成り立ちを説明する六つの原理。

すごろく
さいころを振って出た目だけ進み、上がりを争う遊び。

ざんごう
敵の攻撃を防ぐための壕。

けんかい
偏屈で容易に人と打ち解けないさま。

とんせい
世を逃れて出家すること。隠居すること。

しゅんこう
工事が完成すること。

るり
美しい青色の宝石。

ゆかた
夏に着る木綿の着物。

むつき
陰暦一月の異称。

おちゅうど
「おちうど」とも読む。戦に負けて落ち延びた人。

べっぴん
美人。

ぜっか
口に出したことが元となって起こる災い。

たんぼ
水田。

冶金

目深

国許

伝播

夥しい

殆ど

叢書

雹

推敲

傷痍

流謫

婉曲

幇間

矯める

趨勢

袷

梱包

風采

敵愾心

耽溺

痔瘻

骨粗鬆症

湯女

心神耗弱

やきん
鉱石から金属を精製したり、合金を作ったりする技術。

まぶか
帽子などを深くかぶるさま。

くにもと
大名が治めている本国。または生まれた土地。

でんぱ
伝わり広まること。

おびただしい
数量が非常に多い。

ほとんど
ほぼすべて。大方。

そうしょ
一連の書物。シリーズ。

ひょう
雷雨に伴って降る大粒の氷。

すいこう
文章や詩句を何度も練り直すこと。

しょうい
怪我。傷。「傷痍兵」

るたく
「りゅうたく」とも読む。罪により島流しになること。

えんきょく
表現が遠まわしなさま。

ほうかん
太鼓もち。

ためる
形などを直してよくする。

すうせい
世の中や物事の変化の先行き。

あわせ
裏をつけた着物。

こんぽう
縄などをかけて荷造りすること。

ふうさい
外見。姿。

てきがいしん
相手に張り合って勝とうとする気持ち。

たんでき
夢中になって他を顧みないこと。

じろう
肛門付近に穴があいてうみが出る病気。

こつそしょうしょう
骨がもろくなる病気。

ゆな
江戸時代、湯屋で客の相手をしていた女性。

しんしんこうじゃく
精神の障害で、正常に判断する能力が劣っている状態。

祐筆

牡蠣

睥睨

築山

俯せ

有袋類

蹂躙

蔑ろ

胸襟

五月雨

我儘

挨拶

燻製

廃嫡

諫死

浅薄

旱魃

褻

流暢

覿面

鮎

爪先

億劫

縊死

ゆうひつ
昔、書類の筆記を司っていた役人。

かき
イタボガキ科の貝。オイスター。

へいげい
横目で見ること。にらみつけること。

つきやま
庭園の、山に似せて土を盛り上げた部分。

うつぶせ
体の正面を下にして横たわるさま。

ゆうたいるい
カンガルーなど、腹にある袋で赤ん坊を育てる動物。

じゅうりん
踏みにじること。「人権蹂躙」

ないがしろ
侮り軽んじるさま。

きょうきん
胸の内。心中。「胸襟を開いて話し合う」

さみだれ
陰暦の五月に降る雨のこと。梅雨。

わがまま
自分の思い通りにならなければ気がすまないさま。

あいさつ
もともとは禅問答のやりとりを指した言葉。

くんせい
肉や魚を煙でいぶして調理した食品。

はいちゃく
家督相続人から相続人としての地位を剥奪すること。

かんし
主君をいさめるために死ぬこと。

せんぱく
浅はかなこと。

かんばつ
ひでり。

ふすま
細い木の骨組みに紙をはった建具。

りゅうちょう
話し方がなめらかでよどみのないこと。

てきめん
効果がすぐに現れるさま。

あゆ
アユ科の淡水魚。香気がある。

つまさき
足の先っぽ。

おっくう
面倒くさがるさま。

いし
首をくくって死ぬこと。

官窯	鰐革	遡及	疼痛
標榜	強面	疾病	極楽蜻蛉
鼈甲	矮小	御璽	昵懇
産湯	御局	幸若舞	惹起
林檎	黄金虫	乳母	夭折
神無月	法体	柚	闊歩

とううつ
うずくような痛み。

そきゅう
過去にさかのぼること。

わにがわ
ワニの皮をなめしたもの。

かんよう
朝廷用の陶磁器を生産するために政府が作った窯（かま）。

ごくらくとんぼ
のんきに何も考えず生きている人。

しっぺい
病気。「現代人の三大疾病」

こわもて
おっかない顔つき。また、相手に強く出るさま。

ひょうぼう
主義・主張を公然と示すこと。

じっこん
親密で気のおけないさま。

ぎょじ
天皇の印。

わいしょう
背が低いさま。または物事の規模が小さいさま。

べっこう
ウミガメ科のカメの甲羅を原料とする工芸品の材料。

じゃっき
引き起こすこと。

こうわかまい
中世芸能の一つ。桃井直詮が創始したとされる。

おつぼね
宮中で局という部屋を与えられた女官。

うぶゆ
生まれたばかりの子を入れる湯。

ようせつ
若くして死ぬこと。若死に。

うば
実の母親に代わって乳を与える役目の女性。

こがねむし
美しい緑色をした甲虫。コガネムシ科。

りんご
バラ科の落葉高木。実は食用。

かっぽ
大またで歩くこと。威張って歩くこと。

ゆず
ミカンに似た常緑小高木。実は香りがよい。

ほったい
「ほうたい」とも読む。剃髪し、法衣を着た僧の姿。

かんなづき
陰暦十月の異称。

植物の名前1

◎樹木

□楊梅　やまもも
□仙人掌　さぼてん
□槐　えんじゅ
□欅　けやき
□櫟　くぬぎ
□木犀　もくせい
□樅　もみ
□楮　こうぞ
□鈴懸樹　プラタナス
□栴檀　せんだん
□椙　すぎ
□満天星　どうだんつつじ
□山桜桃　ゆすらうめ
□真葛　さねかずら
□朴　ほお
□木斛　もっこく
□金縷梅　まんさく

◎草花

□葵　あおい
□竜舌蘭　りゅうぜつらん
□浜木綿　はまゆう
□狗尾草　えのころぐさ
□蕣　あさがお
□竜胆　りんどう
□秋海棠　しゅうかいどう
□鳶尾　いちはつ
□杜鵑草　ほととぎす
□風信子　ヒヤシンス
□紫雲英　げんげ
□梯姑　でいこ
□苜蓿　うまごやし
□繁縷　はこべ
□虎杖　いたどり
□菘　すずな
□清白　すずしろ
□薇　ぜんまい
□車前草　おおばこ
□姫女苑　ひめじょおん
□犬陰嚢　いぬふぐり
□万年青　おもと
□一人静　ひとりしずか

◎おもな薬草・毒草

□蕺草　どくだみ
□曼珠沙華　まんじゅしゃげ
□蘆薈　アロエ
□現の証拠　げんのしょうこ
□枸杞　くこ
□唐胡麻　とうごま
□夷草　えびすぐさ
□走野老　はしりどころ

動物の名前一

◎陸にすむ動物

□馴鹿　トナカイ
□浣熊　あらいぐま
□冬眠鼠　やまね
□鼬　いたち
□狆　ちん
□豪猪　やまあらし
□貘　ばく
□熊猫　パンダ
□山羊　やぎ
□鴨嘴　かものはし
□白鼻心　はくびしん
□蠍　さそり
□守宮　やもり
□波布　はぶ
□食蟻獣　ありくい
□狗　いぬ

◎水の中にすむ動物

□海月　くらげ
□海象　セイウチ
□鮑　あわび
□海星　ひとで
□海鞘　ほや
□磯巾着　いそぎんちゃく
□水蚤　みじんこ
□海獺　ラッコ
□海狸　ビーバー
□海胆　うに
□胡獱　とど
□抹香鯨　まっこうくじら
□蠑螈　いもり
□蛤　はまぐり
□烏賊　いか
□章魚　たこ

◎昆虫

□椿象　かめむし
□天牛　かみきりむし
□浮塵子　うんか
□紅娘　てんとうむし
□蜩　ひぐらし
□斑猫　はんみょう
□蜚蠊　ごきぶり
□虻　あぶ
□虱　しらみ
□胡蜂　すずめばち
□甲虫　かぶとむし
□金亀子　こがねむし
□鉦叩　かねたたき

◎空想上の生き物

□天狗　てんぐ
□八岐大蛇　やまたのおろち

煮凝り

不埒

氾濫

戦く

潮騒

冒瀆

傘下

丁稚

権柄ずく

豊頬

丼勘定

古伊万里

稀有

飄逸

好事家

俘虜

辟易

咄嗟

頌歌

卯月

剽窃

鎧戸

喚く

袴

にこごり
魚を煮た汁が冷めて固まったもの。

ふらち
道理に外れてけしからぬこと。

はんらん
水などがあふれ出すこと。

おののく
恐怖でふるえる。

しおさい
潮の満ちるときに波が立てる音。

ぼうとく
神聖なものをけがし、おとしめること。

さんか
ある勢力の支配や統率を受ける立場にあること。

でっち
職人や商人の家に奉公した少年。

けんぺいずく
権力に任せて事を行うこと。

ほうきょう
ふっくらしたほっぺた。

どんぶりかんじょう
金の使い方がいい加減なこと。

こいまり
伊万里焼の初期のもの。染め付けと赤絵がある。

けう
まれであること。滅多にないこと。

ひょういつ
世事にとらわれず、気ままなさま。

こうずか
物好きな人。

ふりょ
捕虜。

へきえき
勢いに押されて尻ごみすること。閉口すること。

とっさ
わずかの間。

しょうか
神や英雄などをほめたたえる歌。

うづき
陰暦四月の異称。

ひょうせつ
他人の著作を無断で引用・発表すること。

よろいど
細長い鉄板を平行に並べ連結した戸。シャッター。

わめく
大声でさけぶ。騒ぐ。

はかま
着物の腰部につけ、足までを覆う衣服。

神楽

煌めく

達磨

倦怠

毀損

顔貌

挙措

胡椒

泌尿器

勃起

暇乞い

潮汐

一言居士

憧憬

鍬形虫

溜飲

煩悶

拐帯

痛痒

瀑布

髣髴

改竄

媚びる

明晰

かぐら
神を祭るときに奏する舞楽。

きらめく
きらきら輝く。

だるま
中国の禅僧。また、彼の座禅姿をかたどった張子の玩具。

けんたい
けだるくて、何もする気にならないさま。「倦怠感」

きそん
傷つけること。「名誉毀損」

がんぼう
「かおかたち」とも読む。顔のかたちやようす。

きょそ
立ち居ふるまい。

こしょう
インド原産の木。また、その実からとる香辛料。

ひにょうき
「ひつにょうき」とも読む。尿の分泌に関わる器官。

ぼっき
力強く立つこと。男性の一物が立つこと。

いとまごい
別れの挨拶をすること。休暇を願い出ること。

ちょうせき
潮の満ち干。

いちげんこじ
何につけ、ひと言意見を言わないと気が済まない人。

どうけい
「しょうけい」とも読む。あこがれること。

くわがたむし
鍬形に似た大きな顎(あご)を持つ甲虫。

りゅういん
「溜飲が下がる」で、胸がすく。

はんもん
悩みもだえること。

かいたい
持ち逃げすること。「公金を拐帯する」

つうよう
痛みやかゆみ。

ばくふ
大きな滝。「ナイアガラ瀑布」

ほうふつ
そっくりで、ありありと見えるさま。

かいざん
文書の字句などを勝手に変えてしまうこと。

こびる
気に入られるようにふるまう。へつらう。

めいせき
明らかではっきりしているさま。

蜘蛛

愚弄

首肯

悄然

与する

鎮守

御節

蚊帳

艶かしい

澄明

顚末

出不精

魔羅

阿呆

否応

生兵法

遺憾

紫苑

謙る

好好爺

毀誉褒貶

梨園

蒼穹

翡翠

くも
八本足の節足動物。糸を出すのが特徴。

ぐろう
ばかにしたり、からかったりすること。

しゅこう
うなずくこと。同意すること。

しょうぜん
元気をなくしてしょんぼりするさま。

くみする
味方する。参加する。

ちんじゅ
その土地の守護神。

おせち
正月に出す料理。おせち料理。

かや
つりさげて蚊を防ぐ網状の覆い。

なまめかしい
あでやかで色っぽい。

ちょうめい
澄み切って明るいこと。

てんまつ
事の初めから終わりまでの事情。

でぶしょう
外出するのを面倒くさがること。または、そういう人。

まら
男性の一物。仏道修行の妨げになるものの意味。

あほう
ばか者。愚か者。

いやおう
不承知と承知。「否応なしに」

なまびょうほう
生かじりの技術や知識。「生兵法は大けがのもと」

いかん
心残りであること。残念。「遺憾の意を表する」

しおん
キク科の多年草。紫色の花を咲かせる。

へりくだる
自分を低く扱う。謙遜する。

こうこうや
いかにも優しげなおじいさん。

きよほうへん
ほめることとけなすこと。

りえん
歌舞伎界のこと。

そうきゅう
青空。

かわせみ
「ひすい」とも読む。カワセミ科の鳥。

泰斗

貪婪

斟酌

倶楽部

欽定

矜持

遮る

一瞥

克己心

浅葱色

皐月

閏年

喉頭

山麓

大島紬

帰依

靭帯

刺繍

払暁

粗方

仕種

醍醐味

刮目

炬燵

たいと
その方面の大家。大御所。

どんらん
非常に欲が深いさま。

しんしゃく
事情を考慮して取り計らうこと。

クラブ
共通の趣味や目的を持った人の集まり。同好会。

きんてい
天皇の命令によって制定すること。「欽定憲法」

きょうじ
「きんじ」とも読む。誇り。プライド。

さえぎる
じゃまをする。間に何かを入れて見えなくする。

いちべつ
ちらりと見ること。

こっきしん
自らの怠け心や欲望に打ちかつ心。

あさぎいろ
薄い藍色。水色。

さつき
陰暦五月の異称。またはサツキツツジの略。

うるうどし
四年に一度、一年が三百六十六日ある年。

こうとう
気管の上部にあって、咽頭（いんとう）につながる部分。

さんろく
山のふもと。

おおしまつむぎ
奄美大島名産のかすり織りの紬。

きえ
神や仏を信じてすがること。「仏教に帰依する」

じんたい
関節をつなぐ繊維性の組織。

ししゅう
糸を通した針を刺して布に模様や絵を施すこと。

ふつぎょう
明け方。

あらかた
大方。ほとんど。「作業は粗方終わった」

しぐさ
物事をするときの仕方。演技中の役者の動作。

だいごみ
何物にも代えられない楽しみ。

かつもく
強い関心を持って見ること。

こたつ
やぐらの中に熱源を置きふとんをかけて暖をとる器具。

高邁

涵養

庇

凋落

提灯

明眸皓歯

斡旋

金平糖

火照る

奸臣

屠る

牡馬

曲者

嵯峨

合羽

不知火

専ら

放蕩

桂馬

山裾

八面六臂

出奔

勾配

軋む

こうまい
すぐれていて気高いこと。

かんよう
学問や教えが自然に養われること。

ひさし
家の軒先に差し出した小さな屋根。

ちょうらく
落ちぶれること。

ちょうちん
手にさげて持ち歩くようにできた昔の照明具。

めいぼうこうし
きれいな目と白い歯。容姿の美しいこと。

あっせん
人と人との間に立って取りもつこと。

コンペイトー
表面に細かい角状の突起のある砂糖菓子。

ほてる
顔や体が熱くなる。

かんしん
悪事をたくらむ家臣。

ほふる
鳥獣の体を切り裂く。敵を皆殺しにする。

ぼば
雄の馬。

くせもの
油断できない者。したたか者。

さが
山に高低があってふぞろいなさま。山が高く険しいさま。

カッパ
雨の時に着るマント状の衣類。

しらぬい
九州の八代（やつしろ）海で夜間の海上に見える無数の火影。

もっぱら
その事ばかり。ひたすら。

ほうとう
夜遊びや賭け事にふけること。

けいま
将棋の駒の一つ。「桂馬の高飛び歩の餌食」

やますそ
山のふもと。

はちめんろっぴ
ひとりで多方面にわたって活躍すること。

しゅっぽん
逃げて姿をくらますこと。駆け落ちすること。

こうばい
傾斜していること。

きしむ
みしみしと音を立てる。物と物が擦れて音を出す。

天秤
対峙
藪蛇
更迭
沖積
奢侈
闊達
椋鳥
紐帯
詔
矩形
赤銅
連歌
雑魚寝
剛毅
蜃気楼
渇仰
尖塔
身体髪膚
罹病
烏帽子
跋扈
頓狂
滔滔

てんびん
重さを量る道具。

たいじ
向かい合って立つこと。対立すること。

やぶへび
余計なことをしたばかりに災いを被ってしまうこと。

こうてつ
その地位・役職の人を替えること。首をすげかえること。

ちゅうせき
流水のために土砂などが積み重なること。

しゃし
ぜいたく。「奢侈な暮らし」

かったつ
心が広く小さな事にこだわらないさま。

むくどり
ムクドリ科の鳥。

ちゅうたい
「じゅうたい」とも読む。結びつき。

みことのり
天皇の言葉。

くけい
長方形。

しゃくどう
銅に少量の金銀をまぜた合金。「赤銅色」

れんが
数人が長句と短句を詠み継いでいく文学。

ざこね
大勢が一緒にごろ寝すること。

ごうき
意志が強くて、物事に屈しないさま。

しんきろう
熱のために光が屈折し、空中に物体の影が見える現象。

かつごう
「かつぎょう」とも読む。心の拠り所を強く求めること。

せんとう
先のとがった塔。

しんたいはっぷ
体と髪の毛と肌。体のすべて。

りびょう
病気にかかること。

えぼし
昔、成人した男子が日常かぶっていたかぶりもの。

ばっこ
思うままに勢力をふるい、のさばること。

とんきょう
いきなり調子はずれなことをするさま。「頓狂な声」

とうとう
水が盛んに流れるさま。「滔滔たる水の流れ」

悉く
蜂起
恭しい
切磋琢磨

寸毫
功徳
伝馬船
拿捕

囃子
兵站
衣紋
尤も

蒲団
醸す
鋳型
辷る

諒解
喧騒
眩惑
夕凪

巷間
飯盒
頻頻
声音

ことごとく
すべて。何もかも。

ほうき
反乱を起こすこと。

うやうやしい
礼儀正しいさま。「恭しく頭を下げる」

せっさたくま
互いに競い合って向上をはかること。

すんごう
ほんのわずか。

くどく
善行を積んで得たご利益。またはその行い。

てんません
本船と港の間を結ぶ小舟。はしけ舟。

だほ
他国の船や密漁船を捕らえること。

はやし
能や歌舞伎などで拍子をとったり、伴奏をする音楽。

へいたん
戦場の後方で補給などを担当する機関。

えもん
着物の襟元。

もっとも
理にかなっているさま。「その言い分は尤もだ」

ふとん
床に敷いたり、体にかけたりする寝具。

かもす
醗酵させる。徐々に生み出す。「物議を醸す」

いがた
鋳物を作るために、溶かした金属を流しこむ型。

すべる
なめらかに進む。また、失敗する。「手が辷る」

りょうかい
事情を思いやって容認すること。

けんそう
騒がしいこと。

げんわく
目をくらませて惑わすこと。

ゆうなぎ
夕方、海上の風が静まること。

こうかん
世間。ちまた。

はんごう
野外で飯を炊くためのアルミ製の容器。

ひんぴん
何度も繰り返し起こるさま。

こわね
「せいおん」とも読む。声。声の調子。

神神しい

種苗

遵守

三位一体

箪笥

八卦

掠める

霙

几帳面

陽炎

疎い

富貴

朝餉

且つ

橋

凜凜しい

蘊蓄

素寒貧

陋劣

遊山

歪曲

行李

憂鬱

剃髪

こうごうしい
尊くて厳かなさま。

しゅびょう
種と苗。

じゅんしゅ
決まりや命令をよく守ること。

さんみいったい
三つのものが一体となること。

たんす
衣服などをしまうための家具。

はっけ
占い。易。「当たるも八卦当たらぬも八卦」

かすめる
盗み取る。または間近を通り過ぎる。

みぞれ
とけかかった雪が雨まじりに降る現象。

きちょうめん
きっちりしていて、まめなさま。

かげろう
暖かい日に地面からゆらゆらと立ち昇る気。

うとい
よく知らない。親しくない。

ふうき
「ふっき」とも読む。財産が多く、家柄もよいこと。

あさげ
朝食。

かつ
一方で。さらに。「歌い且つ踊る」

たちばな
ミカン科の常緑小高木。古くは、ミカン類の総称。

りりしい
勇ましくて立派だ。

うんちく
経験を通して蓄えてきた知識や見識。「蘊蓄を傾ける」

すかんぴん
無一文なこと。非常に貧乏なこと。

ろうれつ
心が卑しく劣っていること。

ゆさん
山などに遊びに出かけること。「物見遊山に行く」

わいきょく
ゆがめ、ねじまげること。「事実を歪曲して伝える」

こうり
竹・柳などを編んで作った荷物入れ。

ゆううつ
ものうげで気分が晴れないさま。

ていはつ
髪を剃《そ》って頭を丸めること。

蔦

得物

合歓木

菫

瓢箪

傭兵

甲冑

礎

固唾

刺戟

懇ろ

恢復

徐に

奇譚

末梢

忌忌しい

囁く

覗く

蓑虫

異形

繁昌

昏睡

外套

浩然

つた
ブドウ科のつる植物。塀や壁などにはわせる。

えもの
手にする武器。

ねむのき
マメ科の落葉高木。初夏に紅色の花を咲かせる。

すみれ
スミレ科の多年草。春、紫色などの花を咲かせる。

ひょうたん
ウリ科のつる草。またはその実から作った酒の容器。

ようへい
金銭で雇われた兵士。

かっちゅう
よろいかぶと。

いしずえ
建物などの土台となる石。物事の基礎となる部分。

かたず
緊張した時に口中にたまるつば。「固唾をのむ」

しげき
感覚器官に強く働きかけること。

ねんごろ
親切なさま。親しいさま。

かいふく
病気が治り、元の状態になること。

おもむろに
何かをゆっくりと行うさま。

きたん
珍しい話。

まっしょう
物の先端。「末梢神経」

いまいましい
しゃくにさわる。腹立たしい。むかつく。

ささやく
小声で言う。

のぞく
すきまから見る。少しだけ見る。

みのむし
ミノガ科のガの幼虫。

いぎょう
特異な形。「化け物」の意で使うことが多い。

はんじょう
商売が盛んではやっていること。

こんすい
意識を失ってさめないこと。

がいとう
洋服の上に着る衣服。オーバー。

こうぜん
水がゆったりと流れるさま。心の広いさま。

早乙女

言質

睦まじい

必須

範疇

謳歌

天邪鬼

啄む

桔梗

驕慢

項

僧都

倅

小姑

鮨

鬱蒼

稠密

瑣細

埴輪

懊悩

滴

予め

驕る

遮二無二

さおとめ
田植えをする若い女性。

げんち
後々証拠となる言動。「言質を取る」

むつまじい
仲がよい。

ひっす
必要不可欠なこと。

はんちゅう
種類。カテゴリー。

おうか
幸せな境遇を十分楽しむこと。「青春を謳歌する」

あまのじゃく
人の言うことにわざと逆らうひねくれ者のこと。

ついばむ
鳥がくちばしで突いて食べる。

ききょう
キキョウ科の多年草。秋の七草の一つ。

きょうまん
おごり高ぶって人を見下すさま。

うなじ
首筋。えりくび。

そうず
僧の官位の一つ。僧正(そうじょう)の次の位。

せがれ
息子。

こじゅうと
「こじゅうとめ」とも読む。配偶者の姉妹。

すし
酢をまぜた飯に魚介類や野菜を添えた食品。

うっそう
薄暗いほど草木が茂っているさま。

ちゅうみつ
びっしり集まっていること。

ささい
取るに足らないこと。つまらぬこと。「瑣細な出来事」

はにわ
古墳の副葬品として埋められた土製の素焼きの人形。

おうのう
悩みもだえること。

しずく
水の粒。

あらかじめ
前もって。「予め用意しておく」

おごる
威張る。人を見下す。

しゃにむに
ひたすら。むやみやたらに。

科白
琴線
鋸
狭間
艱難
媚薬
給仕
蒐集
貴顕
鞭撻
撓む
曙光
毬藻
歯牙
操
霰
憐憫
碩学
杳として
芸妓
竦む
貶める
蟄居
久遠

せりふ
「かはく」とも読む。役者が言う言葉。または言いぐさ。

きんせん
心情。情緒。「琴線に触れる」

のこぎり
木材などを切るための工具。

はざま
物と物との間。

かんなん
苦労や困難。「艱難辛苦」

びやく
異性を惚れさせ、みだらな気持ちにさせる薬。

きゅうじ
飲食の席で食事の世話をすること。

しゅうしゅう
趣味などで物を集めること。コレクション。

きけん
身分が高く、名の知れていること。

べんたつ
励ますこと。「ご指導ご鞭撻のほど」

たわむ
力が加えられてそった形に曲がる。

しょこう
夜明けの光。転じて窮地における希望の意でも使う。

まりも
球状の藻。北海道阿寒湖の名物で特別天然記念物。

しが
「歯牙にもかけない」で、問題にもしない。

みさお
志を貫くこと。貞操。

あられ
水蒸気が氷結して降ったもの。

れんびん
あわれみ同情すること。

せきがく
大学者。

ようとして
事情がはっきりしないさま。「杳として知れない」

げいぎ
芸者。

すくむ
緊張のあまり動けなくなる。

おとしめる
劣ったものとして扱う。

ちっきょ
家に閉じこもって出ないこと。

くおん
永遠。「久遠の理想」

屏風　何卒　敏捷　檀那

庇護　厚誼　手練手管　逍遥

嘗て　端折る　湿疹　金槌

放擲　禽獣　黄昏　雑沓

寛恕　枯野　攪乱　泡沫

漆器　彷徨　勤行　水無月

びょうぶ
室内に立てて風よけや仕切りに使った道具。

なにとぞ
どうか。ぜひ。「何卒よろしく」

びんしょう
動きの素早いさま。

だんな
主人。夫。

ひご
かばい守ること。

こうぎ
心のこもった付き合い。

てれんてくだ
巧みに人をまるめこむ方法。

しょうよう
ぶらぶらと歩くこと。

かつて
今までに。

はしょる
着物の裾をまくって帯に挟む。省いて短くする。

しっしん
皮膚にできる炎症。

かなづち
金属製の槌。また、泳げない人。

ほうてき
投げやりにする。放っておく。

きんじゅう
鳥と獣。「禽」は鳥の意。

たそがれ
「こうこん」とも読む。夕方。

ざっとう
人が混み合っていること。

かんじょ
心が広くて思いやりがあること。

かれの
草木の枯れ果てた野。

じょうらん
騒ぎ。騒乱。

ほうまつ
泡。すぐに消えてしまうもの。「泡沫会社」

しっき
うるし塗りの器。

ほうこう
さまようこと。

ごんぎょう
僧が勤めとして仏前で読経などをすること。

みなづき
陰暦六月の異称。

僻む　窯元　痩軀　継母

薫陶　曖昧　牝馬　形而上

綺麗　扼殺　女形　獰悪

絢爛　風靡　恫喝　賄い

佇む　殊更　急湍　同衾

出臍　血漿　侏儒　激甚

ひがむ
物事をねじ曲げて考える。

かまもと
陶磁器の製造元。

そうく
やせた体。

ままはは
「けいぼ」とも読む。父の後妻。血のつながりのない母。

くんとう
優れた徳で人を感化し教育すること。

あいまい
はっきりしていないさま。明確でないさま。

ひんば
雌の馬。

けいじじょう
抽象的なもの。精神的なもの。

きれい
美しい。清い。

やくさつ
首を絞めて殺すこと。

おやま
「おんながた」とも読む。女役を演じる男の役者。

どうあく
性格が悪くて荒々しいこと。

けんらん
華やかで立派なさま。「絢爛豪華な宮殿」

ふうび
一斉になびくこと。転じて、広く流行すること。

どうかつ
おどしつけること。

まかない
食事を用意して食べさせること。

たたずむ
立ち止まる。立ち尽くす。

ことさら
特に。わざわざ。

きゅうたん
流れの速い浅瀬。

どうきん
同じ布団に寝ること。男女が交わること。

でべそ
突き出ているへそ。

けっしょう
血液中の液体の成分。

しゅじゅ
小さな人のこと。

げきじん
程度の甚だしいさま。「激甚な被害を受ける」

鳥の名前

◎野山にすむ鳥

□矮鶏　チャボ
□熊啄木鳥　くまげら
□木の葉木菟　このはずく
□鳶　とび
□鶲　ひたき
□山啄木鳥　やまげら
□小雀　こがら
□黄鶲　きびたき
□善知鳥　うとう
□画眉鳥　ほおじろ
□蚊母鳥　よたか
□仏法僧　ぶっぽうそう
□玄鳥　つばめ
□懸巣　かけす
□松毟鳥　まつむしり
□大瑠璃　おおるり
□鶯　うぐいす
□鶸　ひわ
□雉　きじ
□鶫　つぐみ
□隼　はやぶさ
□孔雀　くじゃく
□郭公　かっこう
□雷鳥　らいちょう
□駝鳥　だちょう
□小綬鶏　こじゅけい
□金糸雀　カナリア
□梟　ふくろう
□慈悲心鳥　じひしんちょう

◎水辺にすむ鳥

□鴻　ひしくい
□鵞鳥　がちょう
□鵆　ちどり
□鴫　しぎ
□鵜　う
□鷭　ばん
□鴨　かも
□鸊鷉　かいつぶり
□鵠　くぐい
□阿比　あび
□水鶏　くいな
□鷽　うそ
□鰺刺　あじさし
□鵤　いかる
□鴎　かもめ
□三十三才　みそさざい
□葭切　よしきり

◎空想上の鳥

□鳳凰　ほうおう
□鵬　おおとり

魚の名前一

◎**おもな海水魚**

□氷下魚　こまい
□竹麦魚　ほうぼう
□鮗　このしろ
□鮃　ひらめ
□鱛　えそ
□秋刀魚　さんま
□石首魚　いしもち
□太刀魚　たちうお
□笠子　かさご
□鱝　えい
□鯔　ぼら
□小女子　こうなご
□眼張　めばる
□細魚　さより
□魬　はまち
□鰤　ぶり
□鱒　ます
□鱚　きす
□鯵　あじ
□鮭　さけ
□鯊　はぜ
□雌鯒　めごち
□鮊子　いかなご
□鯷　ひしこ
□黍魚子　きびなご
□鰻　うなぎ
□大口魚　たら
□眼撥　めばち
□皮剥　かわはぎ
□間八　かんぱち
□堅魚　かつお
□鱓　うつぼ
□𩸽　ほっけ
□鰰　はたはた

◎**おもな淡水魚**

□鰍　かじか
□鮴　ごり
□鱮　たなご
□石斑魚　うぐい
□山女　やまめ
□岩魚　いわな
□鮒　ふな
□鰣　はす

◎**珍しい魚**

□山椒魚　さんしょううお
□翻車魚　まんぼう
□虎魚　おこぜ
□鮫　さめ
□鱰　しいら
□鯥五郎　むつごろう

耄る

煉獄

反駁

凶刃

拗ねる

憔悴

唾棄

黎明

独楽

旭日

螺旋

楊枝

含蓄

脈搏

寛ぐ

加持祈禱

脳震盪

御託

嚆矢

灼熱

橋梁

巣窟

燦燦

大雑把

むしる
毛などをつかんで引き抜く。

れんごく
死者の霊が火に焼かれて苦しむ所。

はんばく
言い返すこと。反論すること。

きょうじん
殺人や傷害に使われる刃物。「凶刃に倒れる」

すねる
不満があって素直でない態度をとる。

しょうすい
心労や病気のためにやつれること。

だき
下品でけがらわしいとさげすむこと。「唾棄すべき男」

れいめい
夜明け。物事の始まり。

こま
逆円錐形の木などに軸を通して回転させて遊ぶ玩具。

きょくじつ
朝日。「旭日昇天の勢い」

らせん
巻貝のようにぐるぐる回っているもの。

ようじ
歯にはさまった物を取り除く道具。

がんちく
意味が深くて味わいのあること。「含蓄のある言葉」

みゃくはく
心臓の鼓動に応じた動脈の動き。脈。

くつろぐ
ゆったりと心身を休める。リラックスする。

かじきとう
災いを除き、願いをかなえるために仏に祈ること。

のうしんとう
頭を強く打って気を失う症状。

ごたく
偉そうな言葉。「御託を並べる」

こうし
物事の始まり。

しゃくねつ
焼けるように熱いこと。

きょうりょう
橋。

そうくつ
ねじろ。「悪の巣窟」

さんさん
光り輝くさま。「日光が燦燦とふりそそぐ」

おおざっぱ
細かいことに気を配らないさま。

回向

六甲颪

未曾有

椰子

恣意

雨樋

草履

蒟蒻

黄疸

舅

詰問

午睡

相槌

纏う

兢兢

魚河岸

残滓

常夏

栄耀

胡弓

葡萄

店子

冤罪

勝鬨

えこう
死者のために仏事を営んで、冥福を祈ること。

ろっこうおろし
六甲山から吹きおろす風。阪神タイガースの応援歌。

みぞう
いまだかつてなかったこと。

やし
南国で見られる常緑高木。ヤシ科。

しい
気ままな考え。思いつき。

あまどい
屋根の雨水を受けて流す仕掛け。

ぞうり
鼻緒のついた平底の履物。

こんにゃく
こんにゃく玉を原料とする弾力のある食べ物。

おうだん
肝臓の病気で肌が黄色になる症状。

しゅうと
配偶者の父。

きつもん
相手のしたことを責めて問い詰めること。

ごすい
昼寝。

あいづち
相手の話に調子を合わせて応答すること。

まとう
身に着ける。体を包むようにして着る。

きょうきょう
びくびくすること。「戦戦兢兢」

うおがし
魚介類を売り買いする市場。

ざんし
残りかす。

とこなつ
一年中夏のようであること。

えいよう
「えよう」とも読む。栄えてぜいたくをすること。

こきゅう
中国の弦楽器。

ぶどう
ブドウ科の果樹。

たなこ
借家人。

えんざい
無実の罪。

かちどき
戦などで勝った時に挙げる歓声。

桟敷	演繹	象嵌	楠
滑稽	屹立	厠	羽二重
初陣	内裏	比肩	糧
偶偶	托鉢	炯眼	素人
覚束無い	紫陽花	禁色	磔刑
蒔絵	行灯	軍靴	米櫃

さじき
劇場などで高い位置につくられた板敷きの見物席。

えんえき
一般的な原理から個別の命題を推論すること。

ぞうがん
金属や木材などの材料に金銀などをはめ込むこと。

くすのき
クスノキ科の樹木。樟脳の原料となる。

こっけい
おもしろおかしいさま。

きつりつ
そびえ立つこと。

かわや
便所。

はぶたえ
薄くてつやのある絹織物。

ういじん
初めて出陣すること。

だいり
天皇の住む所。皇居。

ひけん
肩を並べること。匹敵すること。

かて
生きるために必要な食糧。「毎日の糧」

たまたま
偶然。

たくはつ
僧が修行のために家々を回り、米やお金をもらうこと。

けいがん
物事の本質を見抜く眼力が鋭いこと。

しろうと
専門的な技術を持たない人。アマチュア。

おぼつかない
疑わしい。頼りない。

あじさい
ユキノシタ科の植物で、六～七月に花を咲かせる。

きんじき
皇族以外の者が身に着けることの禁じられた色。

たっけい
「たくけい」とも読む。はりつけの刑。

まきえ
漆器の表面に金粉などを蒔きつけた工芸。

あんどん
昔の照明器具。「昼行灯」は役に立たないもののたとえ。

ぐんか
軍人の履く靴。

こめびつ
米を保存する箱。

瞬く

団扇

生生流転

馥郁

甘藷

外反拇趾

池畔

膝下

糠喜び

蛇足

惻隠

芳しい

崩御

遡る

稚児

謀叛

厭世観

臀部

慰撫

偏頗

梢

亘る

漏斗

気障

またたく
「しばたたく」とも読む。まばたきをする。

うちわ
手であおいで風を送る道具。

しょうじょうるてん
「せいせいるてん」とも読む。万物の永遠の変化。

ふくいく
香りのよいさま。

かんしょ
サツマイモのこと。

がいはんぼし
足の親指が外側に変形する症状。

ちはん
池のほとり。

しっか
ひざもと。「祖父の膝下で育てられる」

ぬかよろこび
喜んだあとであてが外れて喜びが無駄になること。

だそく
余計なもの。余計なつけたし。

そくいん
同情すること。「惻隠の情」

かんばしい
香りがよい。具合がよい。「芳しい成果はない」

ほうぎょ
天皇・皇后・太上天皇・皇太后、国王などが亡くなること。

さかのぼる
川の上流に向かって進む。過去に立ち返る。

ちご
昔、寺などで給仕に使った少年。

むほん
兵を起こして反乱を企てること。

えんせいかん
人生は無意味なものだとする悲観的な考え。

でんぶ
尻。

いぶ
慰めいたわること。

へんぱ
人の扱いが偏っていて公平でないこと。

こずえ
木の幹や枝の先。

わたる
ある期間ずっと続く。ある範囲に及ぶ。

ろうと
「じょうご」とも読む。口の狭い容器に液体を注ぐ器具。

きざ
格好をつけて気取っているさま。

収斂

団欒

夏至

巫女

暫時

介錯

頷く

樟脳

渉猟

慇懃

三つ巴

雌伏

匠

煮沸

納戸

慮る

分水嶺

居候

尾骶骨

駿馬

寵児

市井

怯える

馭者

しゅうれん
縮まること。一点に集まること。

だんらん
親しい者同士が集まって、和やかに語り合うこと。

げし
昼が最も長く、夜が最も短くなる日。六月二十二日ごろ。

みこ
「ふじょ」とも読む。神社に仕える女性。

ざんじ
しばらくの間。

かいしゃく
切腹した武士の首をはねること。また、その役目の人。

うなずく
首を縦に振る。了承する。

しょうのう
クスノキを原料とした白色の結晶体。防虫剤等にする。

しょうりょう
あれこれと広くあさること。

いんぎん
丁寧で礼儀正しいさま。

みつどもえ
三者が入り乱れて張り合うこと。

しふく
実力を養いながら将来の活躍の機会を待つこと。

たくみ
職人。名人。

しゃふつ
煮たてること。

なんど
衣類や調度類等をしまっておく部屋。

おもんぱかる
様々な要素を考え合わせる。考慮する。

ぶんすいれい
雨水をいくつかの河川の流れに分ける山の峰々。

いそうろう
他人の家に住まわせてもらうこと。また、その人。

びていこつ
尾骨。背骨の下端の骨。

しゅんめ
足の速い、すぐれた馬。

ちょうじ
特別にかわいがられている子供。世間の人気者。

しせい
町なか。ちまた。「市井の民の声」

こらえる
我慢する。たえる。

ぎょしゃ
馬を操る人。

骨董

快哉

僥倖

飛翔

河童

緑青

懸想

出納

汲汲

襦袢

陥穽

早苗

汚穢

猥褻

磐石

登攀

向日葵

自棄糞

酢酸

舗装

琴柱

縷縷

佃煮

詳らか

こっとう
古道具・古美術の類。アンティーク。

かいさい
快いと思うこと。「快哉を叫ぶ」

ぎょうこう
思いも寄らなかった幸運。

ひしょう
空を飛ぶこと。

かっぱ
頭に皿のある想像上の動物。

ろくしょう
銅に生じる緑色のさび。また、それを使った顔料。

けそう
異性を恋い慕うこと。

すいとう
金銭の出し入れ。「役場の出納係」

きゅうきゅう
一つのことに精一杯になるさま。

じゅばん
和服の下着。

かんせい
わな。人を陥れる計略。

さなえ
苗代から田へ移し植える頃の稲の苗。

おわい
汚いもの。糞尿。

わいせつ
みだらでいやらしいさま。

ばんじゃく
強固で動かしがたいさま。

とうはん
「とはん」とも読む。山に登ること。

ひまわり
キク科の一年草。夏に大形で黄色の花を咲かす。

やけくそ
自暴自棄になること。すてばち。

さくさん
酢の主成分をなす物質。

ほそう
路面をアスファルトなどで固め整えること。

ことじ
琴の胴の上に立てて弦を支えたり音を調節する用具。

るる
長々と続くさま。またはこまごまと話をするさま。

つくだに
魚介類や海苔などを調味料で味濃く煮た食品。

つまびらか
詳しい。詳細だ。

逸早く　桟橋　鐘楼　作務衣

卜占　姥桜　白檀　涅槃

亜細亜　忽然　格子　覆す

枕頭　有職故実　陋屋　彫塑

古刹　工廠　惣菜　算盤

鵜匠　琥珀　軋轢　雄勁

いちはやく
他よりもはやく。

さんばし
船着き場の海に突き出た部分。

しょうろう
鐘を鳴らす堂。

さむえ
僧が掃除などの作業をする時に着る衣服。

ぼくせん
占い。

うばざくら
若くなくなってもなまめかしさを漂わせている女性。

びゃくだん
ビャクダン科の常緑高木。心材は堅く芳香がある。

ねはん
煩悩を滅した悟りの境地。また、釈迦（しゃか）の死。

アジア
日本から中国、インド、中近東にわたる地域。

こつぜん
突然。にわかに。「忽然と姿を消す」

こうし
細い角材を縦横に組んで作ったもの。

くつがえす
ひっくり返す。裏返す。

ちんとう
枕元。「枕頭の書」は愛読書のこと。

ゆうそくこじつ
朝廷や武家の慣例、行事などに関する古来のきまり。

ろうおく
狭くてむさ苦しい家。

ちょうそ
彫刻と塑像。または彫刻の原型となる塑像を作ること。

こさつ
由緒ある古い寺。

こうしょう
軍直属の兵器工場。

そうざい
おかず。

そろばん
計算用具の一つ。「算盤をはじく」

うじょう
「うしょう」とも読む。鵜飼いを業とする人。

こはく
澄んだ黄褐色の宝石。太古の樹脂が固まったもの。

あつれき
きしみあい。人と人が反目しあうこと。仲たがい。

ゆうけい
文章や書画が雄々しく力強いさま。「雄勁な筆遣い」

雅やか

嬰児

出立

開眼法要

倭寇

障碍

暫く

跳梁

羨望

虞

姑息

芙蓉

餬口

玲瓏

懶惰

穿孔

女将

法螺

誹謗

倦む

刎頸

蝗

贋作

彼我

みやびやか
上品で優雅なさま。

えいじ
「みどりご」とも読む。赤ん坊。

しゅったつ
旅行に出かけること。

かいげんほうよう
仏像が完成した時に供養して眼を入れる儀式。

わこう
室町時代、朝鮮や中国の沿岸を荒らした海賊。

しょうがい
「しょうげ」とも読む。さまたげ。邪魔。

しばらく
少しの間。

ちょうりょう
悪人などが、我が物顔にふるまうこと。

せんぼう
人をうらやむこと。

おそれ
心配。

こそく
その場しのぎなこと。「姑息な手段」

ふよう
ハスの花の別称。またはアオイ科の落葉低木。

ここう
生計を立てること。「餬口をしのぐ」

れいろう
玉などが美しく澄んだ音をたてるさま。

らんだ
「らいだ」とも読む。だらしなく、ものぐさなさま。

せんこう
穴があくこと。穴をあけること。

おかみ
「じょしょう」とも読む。飲食店・宿屋などの女主人。

ほら
ほら貝。またはうそのまじった、大げさな話。

ひぼう
人の悪口を言うこと。「誹謗中傷」

うむ
「あぐむ」とも読む。飽きる。または、もて余す。

ふんけい
「刎頸の交わり」で、終生の親しい交わり。

いなご
バッタ科の昆虫。

がんさく
にせの作品。

ひが
相手と自分。

件

昔気質

埠頭

誤謬

溌剌

甍

痒い

踵

訝る

焚火

伺候

払拭

脆弱

狼狽

霜害

健気

供物

迂遠

睫

大袈裟

模糊

嬌声

湖沼

波濤

くだん
既に話題になったことを指す言葉。例の。

むかしかたぎ
律儀で頑固な、昔ながらの気性。

ふとう
波止場。

ごびゅう
誤り。まちがい。

はつらつ
元気に満ちあふれているさま。

いらか
屋根のかわら。またはかわらぶきの屋根。

かゆい
肌がむずむずしてかきたい感じである。

かかと
「きびす・くびす」とも読む。足の裏の後ろの部分。

いぶかる
あやしむ。疑う。

たきび
戸外で枯葉などを燃やして暖をとること。

しこう
ご機嫌伺いに行くこと。

ふっしょく
ぬぐい去ること。

ぜいじゃく
もろくて弱いさま。

ろうばい
うろたえること。「狼狽の色を隠せない」

そうがい
霜によって農作物が被害を受けること。

けなげ
幼い者が困難に勇ましく立ち向かうさま。

くもつ
神仏への供え物。「供物を捧げる」

うえん
まわりくどいさま。

まつげ
まぶたに生えている毛。

おおげさ
必要以上に誇張しているさま。

もこ
はっきりとわからないさま。「曖昧模糊」

きょうせい
女性のなまめかしい声。

こしょう
湖と沼。

はとう
高い波。

守株

従容

弄ぶ

饒舌

捏造

金襴緞子

閨房

執拗

鉄槌

灌漑

雄叫び

渾沌

竹輪

公達

菖蒲

紅蓮

山車

熱燗

博打

閃光

老獪

任侠

殺める

御利益

しゅしゅ
古い習慣に固執して進歩のないこと。

しょうよう
ゆったりと落ち着いているさま。

もてあそぶ
いじって遊ぶ。好き勝手に扱う。

じょうぜつ
おしゃべりなさま。

ねつぞう
でっちあげること。

きんらんどんす
錦の地に金糸で模様を織った織物。

けいぼう
寝室。特に女性の部屋。

しつよう
しつこいさま。

てっつい
かなづち。「鉄槌を下す」は厳しく断罪する意。

かんがい
田畑に水を引いて行き渡らせること。

おたけび
勇ましい叫び。「雄叫びを挙げて突撃する」

こんとん
雑然とまじり合って、はっきりしないさま。カオス。

ちくわ
すりつぶした魚肉を原料とする円筒形の食品。

きんだち
平安時代の貴族の子息。

しょうぶ
「あやめ」とも読む。植物の名。

ぐれん
燃えるような赤。真紅。「紅蓮の炎」

だし
祭りの時に引く車。

あつかん
酒を熱く温めたもの。

ばくち
賭け事。ギャンブル。「博徒」はギャンブラーのこと。

せんこう
瞬間的にきらめく光。

ろうかい
経験を積んでずる賢いこと。

にんきょう
強きをくじき、弱きを助ける気性。男気。

あやめる
殺す。

ごりやく
神仏による恵み。

凡例
法度
雛形
衒学的

杞憂
恬淡
石窟
蒼惶

澱む
祝詞
暗澹
玄人

漁火
乾坤一擲
逢瀬
時雨

刃傷
八紘一宇
紫檀
鼠蹊部

手鞠
咆哮
俎上
齟齬

はんれい
書物の初めに、その本の利用法などを示したもの。

はっと
規則として禁じられていること。

ひながた
模型。書類などのテンプレート。

げんがくてき
学識を必要以上にひけらかすさま。

きゆう
余計な心配。取り越し苦労。

てんたん
性格がさっぱりしているさま。

せっくつ
岩にあいた洞穴。いわや。

そうこう
あわてふためくさま。

よどむ
水や空気の流れが止まってどんよりする。

のりと
神道で神官が読み上げる文章。

あんたん
見通しが暗く、希望が見えないさま。「暗澹たる思い」

くろうと
専門家。プロ。

いさりび
「ぎょか」とも読む。夜、魚を誘い寄せるためたく火。

けんこんいってき
運命をかけた大勝負に出ること。

おうせ
男女が人目を忍んで会う機会。

しぐれ
秋から冬にかけて降るにわか雨。

にんじょう
刃物で人を傷つけること。「刃傷沙汰」

はっこういちう
全世界は本来一つであるということ。

したん
マメ科の常緑高木。上等な家具材として使われる。

そけいぶ
ふとももの付け根の部分。

てまり
手でついて遊ぶためのまり。

ほうこう
獣がほえること。

そじょう
まないたの上。転じて議題に上がること。

そご
物事が食い違うこと。「齟齬をきたす」

第2章

実力編

この章では、主として常用漢字音訓外の読み方をする語および常用漢字以外の漢字を用いた語のうち、比較的日常生活で使われることの多いものを収録しました。

●漢字検定レベル　主に準1級〜1級

厄年

海苔

椎茸

将に

無花果

厄介

河馬

母屋

天麩羅

尾頭付

一張羅

小豆

丑三つ時

阿弗利加

狂瀾怒濤

煎餅

古諺

奉行

鼓腹撃壌

打遣り

甲斐性

逢引

彗星

法被

やくどし
災難にあいやすいとされる年齢。

のり
アサクサノリなどの海藻を紙状に乾かした食品。

しいたけ
キシメジ科のきのこ。

まさに
ちょうど今。「将に出ようとしていた」

いちじく
クワ科の落葉小高木。実は食用。

やっかい
面倒なこと。迷惑なこと。「厄介をかける」

かば
カバ科の哺乳動物。アフリカ産。

おもや
住居の中心となる建物。

テンプラ
魚介類や野菜に衣をつけて揚げた食べ物。

おかしらつき
鯛を頭と尾のついたまま焼いたもの。祝い用に食する。

いっちょうら
一着しかない上等な衣服。

あずき
黒味を帯びた赤色の豆。赤飯やあんの材料となる。

うしみつどき
午前二時ごろ。転じて真夜中。

アフリカ
六大陸の一つ。人類発祥の地とされる。

きょうらんどとう
荒れ狂う大波。

せんべい
小麦や米を原料とした菓子。

こげん
古くからあることわざ。

ぶぎょう
江戸時代の官職。司法・行政の最高責任者。

こふくげきじょう
平穏無事な日が続くさま。

うっちゃり
相撲の決まり手の一つ。

かいしょう
生活を支えていこうとする気力。生活力。

あいびき
男女が人目を忍んでデートすること。

すいせい
ほうき星。ハレー彗星が有名。

はっぴ
職人などが着る丈の短い上着。

勿忘草

戦ぐ

蕭条

家鴨

天稟

彼処

橙

間歇泉

胡麻擂

羽撃く

塩梅

駕籠

緞帳

懶い

硝子

綸子

転た寝

怜悧

漆喰

許婚

忝い

益体

四股名

滂沱

わすれなぐさ
ムラサキ科の多年草。

そよぐ
風でそよそよと揺れる。

しょうじょう
殺風景でものさびしいさま。

あひる
カモ科の鳥。肉・卵は食用となる。

てんぴん
生まれついての才能。

かしこ
あそこ。「此処彼処」

だいだい
ミカン科の常緑低木。ミカンに似た実がなる。

かんけつせん
一定の時間をおいて周期的に噴き出す温泉。

ごますり
自分の得になるように、人におべっかを使うこと。

はばたく
鳥などが翼を広げて上下に動かす。

あんばい
味かげん。また、体の調子や物事の具合・様子。

かご
人を乗せて前と後ろから担いで運んだ昔の乗り物。

どんちょう
劇場の舞台で、上げたり下ろしたりする幕。

ものうい
気分が重い。けだるい。

ガラス
窓やコップなどに使う透明の材質。

りんず
紋織物の一つ。

うたたね
横になっているうちにうとうとすること。

れいり
頭がよくて賢い。利口だ。

しっくい
壁塗りの材料。石灰などから作る。

いいなずけ
結婚を約束した相手。婚約者。フィアンセ。

かたじけない
ありがたい。

やくたい
役に立つこと。「益体も無い」

しこな
相撲取りの呼び名。

ぼうだ
涙がとめどなくあふれ出るさま。

丞相

贔屓

常磐津

掉尾

厭離穢土

木槿

筧

晒首

脛齧り

鬚髯

廓

麦酒

十六夜

柄杓

刺刺しい

殺陣師

柊

似而非

夾雑

錫杖

穿鑿

尾籠

股肱

猛者

じょうしょう
「しょうじょう」とも読む。昔の中国や日本で、大臣。

ひいき
自分の好きなものを特別扱いすること。「贔屓の店」

ときわず
浄瑠璃節の一派。

ちょうび
「とうび」とも読む。物事や文章の最後。「掉尾を飾る」

おんりえど
「えんりえど」とも読む。汚れた現世を嫌い離れること。

むくげ
アオイ科の落葉低木。

かけひ
「かけい」とも読む。地上や軒先に渡した水を引く樋（とい）。

さらしくび
江戸時代、処刑した罪人の首をさらしたこと。

すねかじり
親から学費や生活費をもらって暮らすこと。

しゅぜん
あごひげとほおひげ。

くるわ
城やとりでなどの囲い。または遊郭。

ビール
大麦を原材料とする醸造酒。

いざよい
陰暦十六日の夜。

ひしゃく
長い柄のついた水をくむ道具。

とげとげしい
意地悪げで角が立っているさま。

たてし
俳優にたちまわりを教える人。

ひいらぎ
モクセイ科の常緑小高木。

えせ
うわべは似てはいるが本物ではないこと。

きょうざつ
異質の物がまじりこむこと。

しゃくじょう
修験者が持ち歩く杖。

せんさく
穴を掘ること。または細かい点まで知ろうとすること。

びろう
汚らしくて人前で話すのがはばかられるさま。

ここう
もともとひじ。転じて頼みになる大切な家来。

もさ
勇猛な者。人並み以上にすぐれた者。

琺瑯	釦	呵責	諂う
飛白	夷狄	頡頏	雑駁
魯鈍	斤量	眩暈	薹
蹶起	折伏	勿れ	宥め賺す
烏兎匆匆	出涸らし	土筆	半夏生
手水	籾殻	巴里	檜皮葺

ほうろう
金属器の表面に焼き付けるガラス質のうわぐすり。

ボタン
洋服の合わせ目をとめるもの。また、機械のスイッチ。

かしゃく
責めとがめること。

へつらう
こびる。おもねる。

かすり
所々かすれたような模様を織り出した織物。

いてき
野蛮人。特に外国人を蔑視した言い方。

きっこう
「けっこう」とも読む。互角の力で張り合っていること。

ざっぱく
さまざまなものが入りまじって統一性がないさま。

ろどん
愚かなこと。愚鈍。

きんりょう
目方。重さ。

めまい
「げんうん」とも読む。目がくらくらくらすること。

ひきがえる
カエルの一種。背中にいぼ状の突起がある。

けっき
決然と行動を起こすこと。

しゃくぶく
説法や祈禱の力で相手を従わせること。

なかれ
…するな。「疑う勿れ」

なだめすかす
なだめたり機嫌をとったりする。

うとそうそう
年月の過ぎるのが早いこと。

でがらし
何杯も入れたあとの、味の薄くなったお茶。

つくし
早春に地面から頭を出すスギナの胞子茎。

はんげしょう
夏至から十一日目の日。田植えの終期とされる日。

ちょうず
手を洗う水。転じてお手洗い。

もみがら
もみ米から玄米を得た後に残る外側の殻。

パリ
フランスの首都。

ひわだぶき
ヒノキの皮で屋根をふくこと。

縞鰺

烏滸がましい

裳裾

落胤

投錨

耳朶

焼べる

藹藹

蝟集

七宝

霹靂

和毛

駢儷体

蜆

栂

悖る

朴念仁

綴る

態態

経帷子

究竟

曲尺

樵

囀る

しまあじ
アジの一種。

おこがましい
生意気だ。身の程知らずだ。

もすそ
裳のすそ。女性の着物のすそ。

らくいん
貴人が妻以外の女に生ませた子。落としだね。

とうびょう
いかりを下ろして船をとめること。

じだ
耳たぶ。「耳朶に残る」

くべる
火の中に薪などを加える。

あいあい
和やかで打ち解けたさま。「和気藹藹」

いしゅう
多くの物が一か所に集まること。

しっぽう
七種類の宝物。

へきれき
急に聞こえてくる雷。「青天の霹靂」

にこげ
柔らかな毛。

べんれいたい
中国の六朝・唐時代に流行した美文体。

しじみ
シジミ科の二枚貝。食用。

つが
「とが」とも読む。マツ科の常緑高木。

もとる
反する。

ぼくねんじん
無愛想で頭の固い人。

つづる
つなぎ合わせる。文章を書く。

わざわざ
とりたてて。特別に。

きょうかたびら
仏式の葬式で死者に着せる白い衣。

くっきょう
「きゅうきょう」とも読む。結局。つまり。

かねじゃく
直角に曲がった金属製のものさし。

きこり
木を伐採することを業とする者。

さえずる
鳥などが鳴く。

姦しい

欠氷

窺知

御浚い

滑子

十姉妹

虹鱒

誣告

払子

鼾

細雪

蝶番

狡猾

仄か

利鞘

正鵠

撞球

晦ます

微醺

麝香

孜孜

錚錚

朱鷺

宦官

かしましい
しゃべり声がやかましい。

かきごおり
氷を細かく砕いたもの。

きち
うかがい知ること。

おさらい
勉強したことを復習すること。「授業の御浚い」

なめこ
キノコの一種。食用になる。

じゅうしまつ
カエデチョウ科の鳥。

にじます
サケ科の魚。体側に鮮やかな斑点がある。

ぶこく
虚偽の申し立てをして人を陥れること。

ほっす
僧が持つはたきに似た道具。

いびき
睡眠中に呼吸と共に口・鼻から出る、うるさい音。

ささめゆき
まばらに降る雪。

ちょうつがい
開き戸などを開閉させるための金具。

こうかつ
ずる賢いさま。「狡猾なたくらみ」

ほのか
わずかに判別できるさま。

りざや
売り買いで得た利益。マージン。

せいこく
「せいこう」とも読む。物事の要点。「正鵠を射る」

どうきゅう
ビリヤード。

くらます
隠す。「姿を晦ます」

びくん
ほろ酔い。「微醺を帯びる」

じゃこう
ジャコウジカの分泌物から作る香料。

しし
一途につとめ励むさま。

そうそう
特にすぐれて立派なさま。「錚錚たるメンバー」

とき
サギに似た鳥。特別天然記念物。

かんがん
去勢された男子。宮廷に勤めた。

土耳古

結紮

粳米

弱竹

撒播

鶺鴒

疚しい

云云

悉皆

斯界

扱く

恙無い

刳り貫く

裏漉

鱶鰭

掌

釉薬

橄欖

豌豆

嘯く

蹲る

撫子

漣

啄木鳥

トルコ
アジア西部の国。

けっさつ
手術で血管などを縛ること。

うるちまい
もち米ではない、普通の米のこと。

なよたけ
細くなよなよとした感じの若竹。

さっぱ
「さんぱ」とも読む。一面に種をまくこと。

せきれい
セキレイ科の鳥。水辺にすむ。

やましい
良心がとがめるさま。後ろめたい。

うんぬん
などなど。しかじか。

しっかい
すべて。ことごとく。

しかい
この方面の世界。

しごく
細長いものを握ってこする。また、厳しく訓練する。

つつがない
元気で無事なさま。

くりぬく
えぐって穴をあける。

うらごし
器に網を張って食品をこすこと。

ふかひれ
サメのひれ。中華料理の高級食材。

たなごころ
「てのひら」とも読む。手の内側の部分。

ゆうやく
うわぐすり。陶磁器の表面に塗ってつやを出す。

かんらん
カンラン科の常緑高木。

えんどう
マメ科の植物。種とさやは食用とする。

うそぶく
そらとぼける。偉そうに大げさなことを言う。

うずくまる
体を丸めてしゃがみこむ。

なでしこ
ナデシコ科の多年草。秋の七草の一つ。

さざなみ
小さな波。

きつつき
キツツキ科の鳥の総称。くちばしで木の幹をつつく。

絨緞

鴛鴦

点綴

指嗾

牽牛星

高坏

土嚢

堆い

戯け者

恪気

苛苛

截然

政

九絵

前轍

沈香

隧道

華奢

衒う

強ち

湯麺

狭霧

焙烙

見縊る

じゅうたん
毛織物の敷物。

おしどり
「えんおう」とも読む。カモ科の水鳥。

てんてい
「てんてつ」とも読む。ほどよく散らすこと。

しそう
そそのかすこと。

けんぎゅうせい
わし座のアルファ星アルタイルのこと。彦星。

たかつき
食物を盛る脚のついた台。

どのう
土を詰め込んだ袋。

うずたかい
高く盛り上がっているさま。

たわけもの
ばか者。愚か者。

りんき
男女間のやきもち。

いらいら
思い通りにならずに気持ちが落ち着かないさま。

せつぜん
区別がはっきりしているさま。

まつりごと
政治。

くえ
ハタ科の海魚。

ぜんてつ
「前轍を踏む」で、前の人と同じ失敗をくり返す。

じんこう
熱帯産の香木。また、それからとった香料。

すいどう
「ずいどう」とも読む。トンネル。

きゃしゃ
体つきがほっそりしていて、弱々しいさま。

てらう
見せびらかす。ひけらかす。

あながち
必ずしも。一概に。「強ち間違いではあるまい」

タンメン
中華そばの一つ。いためた野菜と塩味のスープが特徴。

さぎり
霧。

ほうろく
素焼きの土鍋。

みくびる
軽く見る。

漲る

拉麺

本地垂迹

直垂

棕櫚

川獺

規矩準縄

晩餐

煩い

鬱金

三味線

庵

御神籤

膾炙

掏摸

躑躅

遍く

瀉血

誼み

白粉

駑馬

瓜実顔

窘める

高嶺

みなぎる
満ちあふれる。いっぱいに広がる。

ラーメン
中華そば。

ほんじすいじゃく
仏が衆生を救うために神の姿をかりて現れること。

ひたたれ
鎌倉時代以降に武士が着た衣服。

しゅろ
ヤシ科の常緑高木。

かわうそ
イタチ科の哺乳動物で川にすむ。特別天然記念物。

きくじゅんじょう
人の行動の規準となるもの。

ばんさん
夕食。会合などでの改まった夕食。「最後の晩餐」

うるさい
やかましい。わずらわしい。

うこん
ショウガ科の植物。根茎は薬用に重用される。

しゃみせん
邦楽で使う弦楽器。

いおり
「あん」とも読む。草木などで作った粗末な家。

おみくじ
吉凶を占うくじ。

かいしゃ
「人口に膾炙する」で、世間に知れ渡る。

すり
人から金品をすりとること。また、そのどろぼう。

つつじ
ツツジ科の常緑低木。

あまねく
広く。すべてにわたって。

しゃけつ
治療のために静脈から余分な血を出すこと。

よしみ
親しい関係。縁。「昔の誼み」

おしろい
化粧のために顔などに塗る白い粉。

どば
足の遅い馬。転じて才能が劣っている者。

うりざねがお
色白で、瓜の種に似た面長の顔。

たしなめる
注意する。叱る。

たかね
高い山。「高嶺の花」は手の届かないもののたとえ。

歪
汗疹
公孫樹
木鐸
潰瘍
蕎麦
海豚
落葉松
兵児帯
益荒男
対蹠
浅蜊
亢進
木乃伊
飄飄
儚い
緊褌一番
不束
喘ぐ
凭れる
筏
蓐瘡
行住坐臥
御洒落

いびつ
形がゆがんでいるさま。

あせも
汗のためにできる湿疹。

いちょう
イチョウ科の落葉高木。

ぼくたく
世間の人々を教え導く人。「社会の木鐸」

かいよう
皮膚や粘膜などが炎症をおこしてただれること。

そば
タデ科の一年草。または、その実を原材料とする食品。

いるか
クジラに似た海洋動物。頭がよく、愛嬌がある。

からまつ
マツ科の落葉高木。

へこおび
男・子供用のしごき帯。

ますらお
勇ましくて立派な男。

たいせき
「たいしょ」とも読む。正反対のこと。

あさり
海浜にすむ二枚貝。

こうしん
高ぶり進むこと。

ミイラ
人間の死体が腐敗せず、そのままの形で残ったもの。

ひょうひょう
つかみどころのないさま。

はかない
あっけない。むなしい。

きんこんいちばん
心を新たに気を引き締めて臨むこと。

ふつつか
しつけや作法が行き届いていないさま。

あえぐ
苦しそうに息をする。

もたれる
寄りかかる。また、食物が消化されず、胃にたまる。

いかだ
数本の材木を並べて結び合わせ、水に浮かべるもの。

じょくそう
床ずれ。

ぎょうじゅうざが
日常の生活。普段のたちいふるまい。

おしゃれ
服装や髪型などが洗練されているさま。

兌換紙幣

蹴鞠

別墅

剽軽者

輜重兵

眩しい

禿筆

猩猩

鳳仙花

瘴気

堰塞湖

襷掛

枝垂桜

諧謔

喇叭

胡坐

垂涎

暢気

蠱惑

鱸

鉋

頽る

驥足

韜晦

だかんしへい
発行者が正貨と交換することを約束した紙幣。

けまり
「しゅうきく」とも読む。まりを蹴り合う貴族の遊び。

べっしょ
別荘。別宅。

ひょうきんもの
明るくて人を笑わせるのが得意な人。

しちょうへい
軍隊で物資の輸送を受け持つ兵。

まぶしい
光が強く輝いて、まともに見られないさま。

とくひつ
先のすり切れた筆。自分の詩文を謙遜して言う語。

しょうじょう
猿に似た想像上の動物。またはオランウータン。

ほうせんか
ツリフネソウ科の一年草。

しょうき
熱病を起こすとされた熱帯地域特有の毒気。

えんそくこ
溶岩や土砂で水がせきとめられてできた湖。

たすきがけ
線を斜めに交差させた形。

しだれざくら
サクラの一種。枝が柳のように垂れ下がっている。

かいぎゃく
気のきいた冗句。ユーモア。

らっぱ
金属製の管楽器。トランペット、トロンボーンの類。

あぐら
足を組んで楽に座ること。「胡坐をかく」

すいぜん
欲しくてたまらないさま。「垂涎の的」

のんき
のんびりしていて慌てないさま。

こわく
人を魅了し、惑わすこと。

すずき
スズキ科の魚。

かんな
材木の表面を削って滑らかにする工具。

すこぶる
かなり。たいそう。

きそく
駿馬（しゅんめ）の足。転じてすぐれた才能。

とうかい
姿をくらますこと。または、素性を隠すこと。

月の異称一

◎一月
□年端月　としはづき
□太郎月　たろうづき
□端月　たんげつ
◎二月
□初花月　はつはなづき
□梅見月　うめみづき
□雪消月　ゆきぎえづき
◎三月
□春惜月　はるおしみづき
□花見月　はなみづき
□夢見月　ゆめみづき

◎四月
□卯の花月　うのはなづき
□得鳥羽月　えとりはのつき
□花残月　はなのこりづき
◎五月
□早苗月　さなえづき
□狭雲月　さくもづき
□雨月　うげつ
□鶉月　しゅんげつ
◎六月
□水月　すいげつ
□鳴神月　なるかみづき
□涼暮月　すずくれづき

◎七月
□女郎花月　おみなえしづき
□愛逢月　めであいづき
□親月　ふづき
◎八月
□燕去月　つばめさりづき
□月見月　つきみづき
□草つ月　くさつづき
◎九月
□竹酔月　ちくすいづき
□菊月　きくづき
□寝覚月　ねざめづき
□紅葉月　もみじづき

◎十月
□時雨月　しぐれづき
□初霜月　はつしもづき
□小春　こはる
◎十一月
□霜降月　しもふりづき
□神楽月　かぐらづき
□神来月　かみきづき
◎十二月
□氷月　ひょうげつ
□年積月　としつみづき
□春待月　はるまちづき
□限月　かぎりのつき

色の名前—

◎赤系の色

□赤香　あかこう
□韓紅　からくれない
□茜色　あかねいろ
□潤み朱　うるみしゅ
□東雲色　しののめいろ
□代赭色　たいしゃいろ
□赭　あか
□土器色　かわらけいろ
□煉瓦色　れんがいろ
□鳶色　とびいろ
□珊瑚色　さんごいろ
□薔薇色　ばらいろ

◎茶系の色

□栗梅　くりうめ
□亜麻色　あまいろ
□丁字色　ちょうじいろ
□飴色　あめいろ
□萱草色　かんぞういろ
□芝翫茶　しかんちゃ
□黄橡　きつるばみ

◎黄系の色

□黄丹　おうに
□檸檬色　れもんいろ
□砥の粉色　とのこいろ
□生壁色　なまかべいろ
□刈安　かりやす

◎緑系の色

□苔色　こけいろ
□青丹　あおに
□麴塵　きくじん
□海松色　みるいろ
□白緑　びゃくろく
□常磐色　ときわいろ

◎紫系の色

□藤紫　ふじむらさき
□楝色　おうちいろ
□菖蒲色　あやめいろ
□似紫　にせむらさき
□滅紫　けしむらさき

◎青系の色

□露草色　つゆくさいろ
□縹色　はなだいろ
□藍色　あいいろ
□秘色色　ひそくいろ

◎灰・黒系の色

□黒橡　くろつるばみ
□利休鼠　りきゅうねずみ
□灰汁色　あくいろ
□漆黒　しっこく
□鈍色　にびいろ

紊乱
腋窩
金木犀
壊疽

勾玉
醸出
刹那
拱く

膠
泥濘る
匕首
手薬煉

韋駄天
濃やか
南瓜
土左衛門

齧歯類
喧しい
嘴
空蟬

釉
吐瀉
蝦夷菊
山葵

びんらん
「ぶんらん」とも読む。秩序や道徳を乱すこと。

えきか
わきの下のくぼみ。

きんもくせい
モクセイ科の常緑小高木。香りのよい花を咲かす。

えそ
体の一部の組織が死んだ状態になって腐ること。

まがたま
古代日本人が装身具に使った玉。

きょしゅつ
事業などに必要な金銭を出し合うこと。

せつな
瞬間。

こまねく
「こまぬく」とも読む。腕を組む。「腕を拱く」

にかわ
動物の骨・皮・腱（けん）などを原料とした接着剤。

ぬかる
地面が濡れて軟らかくなる。

あいくち
「ひしゅ」とも読む。短刀。

てぐすね
「手薬煉ひく」で、準備を整えて待ち構える。

いだてん
仏法を守る神。転じて足の速い人。

こまやか
情が厚いさま。または色が濃いさま。

カボチャ
ウリ科のつる草。実は食用にする。

どざえもん
水死体。

げっしるい
大きな前歯を特徴とする哺乳動物。ネズミやリスの類。

やかましい
うるさい。

くちばし
鳥の長く突き出た口。

うつせみ
セミの抜け殻。転じてうつろな状態。

うわぐすり
陶磁器の表面に塗ってつやを出すもの。

としゃ
嘔吐と下痢。

えぞぎく
キク科の植物。あずまぎく。アスター。

わさび
アブラナ科の多年草。根茎は香辛料。清流で育てる。

伽羅

生姜

門扉

欠伸

芍薬

瑞瑞しい

海鼠

麒麟

錦繍

若衆

兎角

鳩尾

反吐

梃子

繭糸

佩剣

臈長ける

禰宜

瓦礫

介党鱈

殷賑

不如帰

羊歯

坩堝

きゃら
沈香（じんこう）からとった香料。

しょうが
ショウガ科の多年草。辛味のある根は、料理の薬味用。

もんぴ
門のとびら。

あくび
血液中の酸素の欠乏によって起こる現象。

しゃくやく
中国原産の多年草。白や紅の花が咲く。根は薬用。

みずみずしい
つやがあって若々しい。

なまこ
棘皮（きょくひ）動物の一つ。背中に無数のいぼがある。

きりん
中国の想像上の動物。

きんしゅう
錦の縫いとりをした織物。転じて美しくて豪華なもの。

わかしゅ
江戸時代の元服前の前髪のある男子。

とかく
あれこれ。ややもすると。

みぞおち
「みずおち」とも読む。胸骨の下あたりのくぼんだ部分。

へど
いったん食べたものを吐き出したもの。

てこ
重いものの下に差し込んで押し上げる棒。

けんし
繭と糸。または繭からとった糸のこと。

はいけん
腰につけた剣。

ろうたける
経験を積む。洗練される。

ねぎ
神官の位の一つ。

がれき
かわらと小石。「瓦礫の山」

すけとうだら
タラ科の海魚。

いんしん
人が多く、にぎやかなこと。

ほととぎす
ホトトギス科の鳥。

しだ
シダ植物の総称。

るつぼ
耐熱性の容器。また、熱狂した場のたとえ。

楓

咄家

金色夜叉

慫慂

陰陽師

硼酸

柘榴

狭隘

突慳貪

揣摩臆測

百舌

剔出

剪定

胡散臭い

蕁麻疹

白皙

裂帛

塔頭

警邏

鷺

臙脂

暈す

橋頭堡

押取刀

かえで
カエデ科の樹木。紅葉が美しい。もみじ。

はなしか
落語家。

こんじきやしゃ
尾崎紅葉の小説。

しょうよう
勧めること。

おんみょうじ
「おんようじ」とも読む。陰陽道を業とする者。

ほうさん
弱酸の一種。無色・無臭。薬用。

ざくろ
ザクロ科の落葉高木。実は食用。

きょうあい
狭くて窮屈なさま。

つっけんどん
とげとげしく冷淡なさま。

しまおくそく
あれこれと推し量ること。あて推量。

もず
モズ科の鳥。

てきしゅつ
外科手術などで患部をえぐり出すこと。

せんてい
花や実がつくように余分な枝を切ること。

うさんくさい
何となく怪しい。「なんとも胡散臭い男だ」

じんましん
皮膚に赤いぶつぶつができて、非常に痒くなる病気。

はくせき
肌の色が白いこと。「白皙の美少年」

れっぱく
きぬを切り裂く音のように鋭い声。

たっちゅう
本寺の境内にある塔。

けいら
警戒のために見回ること。パトロール。

さぎ
水鳥の一種。くちばしと頸（くび）が長いのが特徴。

えんじ
黒みを帯びた赤。

ぼかす
ぼんやりとさせる。

きょうとうほ
対岸の敵地に設けた攻撃拠点。

おっとりがたな
取るものも取りあえず、大急ぎで駆けつけること。

敷衍

知悉

鼾声

窄む

老舗

生憎

四十雀

饂飩

所以

題簽

船縁

桎梏

熟

瑕疵

嫣然

羈絆

猿轡

焜炉

炊爨

蜥蜴

山姥

箏曲

摑む

轟く

ふえん
意味などをおしひろめて説明すること。

ちしつ
知り尽くしていること。

かんせい
いびきの音。「鼾声雷の如し」

すぼむ
縮んで小さくなる。細くなる。

しにせ
「ろうほ」とも読む。代々続いてきた名店。

あいにく
都合の悪いさま。「生憎の雨」

しじゅうから
シジュウカラ科の鳥。

うどん
小麦粉を原料としためん。

ゆえん
理由。わけ。

だいせん
書物の表紙にはる書名を書いた紙・布。

ふなべり
船の側面。ふなばた。

しっこく
手かせと足かせ。転じて自由を奪うもの。

つくづく
心底。よくよく。

かし
きず。欠点。

えんぜん
女性がなまめかしく笑うさま。「嫣然とほほ笑む」

きはん
きずな。束縛。

さるぐつわ
声を出させないように口にかませる手ぬぐいなど。

こんろ
炊事用の加熱器具。

すいさん
飯を炊くこと。「飯盒(はんごう)炊爨」

とかげ
爬虫類の一種。

やまうば
「やまんば」とも読む。山にいるという伝説的な鬼女。

そうきょく
琴を演奏するための楽曲。

つかむ
手の指を曲げて物をしっかりと持つ。

とどろく
響く。「雷鳴が轟く」

鳩首

逆鱗

鹿威し

秋桜

傀儡

呻吟

羸弱

紐育

枇杷

脾臓

不躾

饐える

山茶花

挙って

稀覯

泊夫藍

鶏鳴狗盗

膂力

素麺

馘首

尨毛

象る

空け者

況んや

きゅうしゅ
人々が集まって相談すること。

げきりん
「逆鱗に触れる」で、目上の人の怒りを買う。

ししおどし
筒の中に水を流して倒し、高い音を出す仕掛け。

コスモス
キク科の一年草。秋にピンクや白の花を咲かせる。

かいらい
「くぐつ」とも読む。操り人形。

しんぎん
苦しみうなること。

るいじゃく
体が非常に弱いこと。

ニューヨーク
アメリカ東部の都市。マンハッタン島を中心とする。

びわ
バラ科の常緑高木。実は食用。

ひぞう
内臓の一つ。胃の左後ろにある。

ぶしつけ
無作法。

すえる
飲食物が腐ってすっぱくなる。

さざんか
ツバキ科の常緑小高木。

こぞって
皆がそろって。「挙ってご参加ください」

きこう
非常に珍しいこと。滅多に見られないこと。

サフラン
アヤメ科の多年草。香辛料・薬用・染色用に利用する。

けいめいくとう
つまらない技芸の持ち主。

りょりょく
肉体の力。腕力。

そうめん
麺類の一つ。小麦粉を原料とする。

かくしゅ
解雇すること。首にすること。

むくげ
獣のふさふさと長く垂れさがった毛。

かたどる
似せて作る。写し取る。

うつけもの
愚か者。

いわんや
ましてや。

膾

木耳

万屋

燻らす

羊羹

鰈

鯰

慙愧

木偶の坊

萌葱

蟠る

鹹水湖

味醂

糜爛

杜若

阿漕

餞

打擲

赫赫

悍馬

根刮ぎ

弥増す

誰何

海女

なます
酢の物。

きくらげ
キノコの一種。中華料理の材料となる。

よろずや
いろいろな種類のものを売る店。雑貨店。

くゆらす
煙を立たせる。「煙草を燻らす」

ようかん
和菓子の一つ。餡（あん）を寒天で固めたもの。

かれい
カレイ科の魚。ヒラメに似て体が平たい。

なまず
川や沼にすむ淡水魚。口にひげがある。

ざんき
自らを深く恥じること。「慙愧に堪えない」

でくのぼう
役に立たない者。

もえぎ
黄色がかった緑色。

わだかまる
とぐろを巻く。転じて、心にしこりとなって残る。

かんすいこ
塩水をたたえた湖。

みりん
焼酎・もち米・こうじなどからつくる調味用の酒。

びらん
ただれること。

かきつばた
アヤメ科の多年草。

あこぎ
ずる賢くて貪欲なさま。「阿漕な商人」

はなむけ
旅立つ人のために贈る金品や言葉。

ちょうちゃく
ぶつこと。

かくかく
「かっかく」とも読む。功績が著しいさま。

かんば
気性の荒い馬。暴れ馬。

ねこそぎ
跡形もなくすっかり。すべて。

いやます
ますます増える。さらに程度が進む。

すいか
相手がだれなのか声を出して尋ねること。

あま
海に潜って貝などをとる女性。

指物師

口遊む

長閑

縊れる

駱駝

厨子

和蘭

屑籠

誘る

永久

驟雨

堰

莞爾

肌理

卒塔婆

埴生

強か者

梨の礫

凩

畢竟

御御御付け

裨益

斃死

塵芥

さしものし
板を組み立てて箱やたんすなどを作る職人。

くちずさむ
何となく心に浮かんだ詩や歌などを軽く声に出す。

のどか
のんびりしているさま。

くびれる
首をくくって死ぬ。

らくだ
ラクダ科の哺乳動物。背中にこぶのあるのが特徴。

ずし
物を入れる両扉の箱。または仏像を安置する箱。

オランダ
ヨーロッパの国。風車とチューリップが有名。

くずかご
ごみを入れるかご。

そしる
他人の事を悪く言う。

とこしえ
「えいきゅう」とも読む。いつまでも変わらないこと。

しゅうう
にわか雨。

せき
水流をせきとめるしきり。「堰を切ったように話す」

かんじ
にっこりとするさま。

きめ
肌の表面の細かいあや。「肌理細かい」

そとば
「そとうば」とも読む。供養のため墓に立てる板。

はにゅう
粘土。粘土のある土地。

したたかもの
手ごわい相手。

なしのつぶて
手紙を出しても全く返事が来ないこと。

こがらし
晩秋から冬にかけて吹く冷たい風。

ひっきょう
結局のところ。

おみおつけ
味噌汁を丁寧に言った言葉。

ひえき
助けとなり利益となるもの。

へいし
行き倒れになること。

じんかい
「ちりあくた」とも読む。ちりやごみ。

怖気	吝か	都邑	蜈蚣
恰も	跪く	紆余曲折	鯉幟
鬩ぐ	伽藍	雖も	巴旦杏
抽斗	設える	胡桃	附子
奸佞	肚	卍巴	書肆
痘瘡	山巓	顴骨	就中

おぞけ
「おじけ」とも読む。ぞっとする気持ち。「怖気を震う」

やぶさか
「吝かでない」で、努力を惜しまない。

とゆう
都会。

むかで
毒のある節足動物。

あたかも
まるで。ちょうど。「恰も雪のように白い肌」

ひざまずく
ひざをついて身をかがめる。

うよきょくせつ
事情が込み入っていて、いろいろと変わること。

こいのぼり
端午の節句に立てる鯉の形に作ったのぼり。

せめぐ
争う。

がらん
寺院の建物のこと。

いえども
たとえ…でも。

はたんきょう
アーモンドの別称。

ひきだし
たんすや机の抜き差しができる箱。

しつらえる
用意する。

くるみ
クルミ科の落葉高木。実は食用。

ぶし
「ぶす」とも読む。トリカブトからとった毒薬。

かんねい
悪賢く心が卑しいさま。

はら
心。本心。「肚を決める」

まんじどもえ
「まんじともえ」とも読む。入り乱れているさま。

しょし
本屋。

とうそう
天然痘。

さんてん
山のいただき。山頂。

かんこつ
「けんこつ」とも読む。ほお骨。

なかんずく
特に。中でも。

莫迦

匍匐

託つ

衝立

偃月刀

婆娑

曳航

麺麭

颯爽

我武者羅

菜箸

一畝

右顧左眄

羅馬

昴

閼伽棚

膏薬

嚔

騾馬

浮腫む

曫虫

靨

飛蝗

検非違使

ばか
愚か者。

ほふく
腹ばいになって移動すること。

かこつ
愚痴を言う。嘆く。「不遇を託つ」

ついたて
室内の仕切りに使う家具。

えんげつとう
刃が弓張月の形をした刀。中国古来の武器。

しゃば
仏教における俗界のこと。転じて監獄の外の世界。

えいこう
別の船を引っ張って航行すること。

パン
小麦粉から作る食品。

さっそう
勇ましく堂々としているさま。

がむしゃら
後先を考えず、強引に物事を行うさま。

さいばし
料理をする時に使う長い箸。とり箸。

いっせ
「畝（せ）」は面積の単位。約〇・九九アール。

うこさべん
周囲を気にして決断しないこと。

ローマ
イタリアの首都。また、古代ローマ帝国。

すばる
おうし座にある星団。

あかだな
仏に供える花や水を置く棚。

こうやく
動物の脂で練った塗り薬。

くしゃみ
「くさめ」とも読む。鼻の粘膜が刺激されて出る症状。

らば
馬とロバの混血種。

むくむ
水がたまるなどして体の一部がふくれる。

くつわむし
キリギリス科の昆虫。秋に鳴く。

えくぼ
笑う時にほおにできるくぼみ。

ばった
直翅類（ちょくしるい）に属する昆虫の総称。

けびいし
昔の治安・検察・裁判を司っていた職。

遊弋

都都逸

笊

胥盂

襤褸

閨

斜交い

犇く

諍い

女犯

糟糠

勤しむ

人身御供

椿事

叩頭

放肆

蓋し

合挽

眷属

禊

等閑

齟齬

大童

蒲鉾

ゆうよく
艦船があちこちを航行して待機すること。

どどいつ
俗謡の一つ。七・七・七・五からなる。

ざる
水切りなどのために使う竹で編んだ入れ物。

じんう
腎臓内部の空所。膀胱へと尿を送る。

ぼろ
「らんる」とも読む。着古してぼろぼろになった衣服。

ねや
寝室。

はすかい
ななめ。

ひしめく
多くの人が集まって押し合う。

いさかい
反目し合うこと。喧嘩。

にょぼん
僧が戒律を破って女性と交わること。

そうこう
粗末な食べ物。「糟糠の妻」は苦労をともにした妻。

いそしむ
つとめはげむ。

ひとみごくう
人をいけにえとして捧げること。

ちんじ
思いがけない出来事。

こうとう
頭を地面につけてお辞儀すること。

ほうし
勝手気ままなさま。

けだし
思うに。「蓋し名言だ」

あいびき
牛肉と豚肉を合わせてひいた肉。

けんぞく
一族。親族。「一家眷属」

みそぎ
水を浴びて身を清めること。

なおざり
「とうかん」とも読む。いい加減にしておくこと。

あくせく
休む間もなくせっせと働くさま。「齷齪と働く」

おおわらわ
髪を振り乱すさま。転じて、物事を懸命にするさま。

かまぼこ
白身の魚のすり身に味をつけて蒸した食品。

日本の地名一

◎北海道・東北

□老者舞　おしゃまっぷ
□音威子府　おといねっぷ
□猿払　さるふつ
□椴法華　とどほっけ
□占冠　しむかっぷ
□和寒　わっさむ
□閉伊　へい
□象潟　きさかた
□温海　あつみ

◎関東

□安食卜杭　あじきぼっくい
□福生　ふっさ
□喜連川　きつれがわ
□碓氷　うすい
□嬬恋　つまごい
□瓜連　うりづら
□匝瑳　そうさ
□潮来　いたこ

◎中部

□轟　どめき
□頸城　くびき
□婦負　ねい
□羽咋　はくい
□松任　まっとう
□身延　みのぶ
□蓼科　たてしな
□妻籠　つまご
□安曇　あづみ
□常滑　とこなめ
□榛原　はいばら

◎近畿・中国・四国

□生琉里　ふるさと
□度会　わたらい
□乙訓　おとくに
□四条畷　しじょうなわて
□宍道湖　しんじこ
□吉備　きび
□宿毛　すくも

◎九州・沖縄

□土々呂　ととろ
□城辺保良　ぐすくべぼら
□宗像　むなかた
□国東　くにさき
□耶馬渓　やばけい
□飫肥　おび
□姶良　あいら
□肝属　きもつき
□指宿　いぶすき
□読谷　よみたん
□中城　なかぐすく

外国の地名一

◎ヨーロッパ・ロシア

□仏蘭西　フランス
□羅馬尼亜　ルーマニア
□英吉利　イギリス
□愛蘭　アイルランド
□蘇格蘭　スコットランド
□西班牙　スペイン
□葡萄牙　ポルトガル
□丁抹　デンマーク
□諾威　ノルウェー
□芬蘭　フィンランド
□維納　ウィーン
□瑞西　スイス
□寿府　ジュネーブ
□馬爾塞　マルセイユ
□墺太利　オーストリア
□哥塞牙　コルシカ
□勃牙利　ブルガリア
□漢堡　ハンブルク
□那不児　ナポリ
□威尼斯　ヴェニス
□露西亜　ロシア
□西比利亜　シベリア

◎アジア・アフリカ

□捏巴爾　ネパール
□突尼斯　チュニジア
□馬来　マレー
□新嘉坡　シンガポール
□比律賓　フィリピン
□越南　ベトナム
□河内　ハノイ
□哈爾賓　ハルビン
□亜剌比亜　アラビア
□波斯　ペルシア
□巴基斯坦　パキスタン
□埃及　エジプト
□薤露　カイロ

◎アメリカ・オセアニア

□牙買加　ジャマイカ
□海地　ハイチ
□加奈陀　カナダ
□華盛頓　ワシントン
□桑港　サンフランシスコ
□聖林　ハリウッド
□布哇　ハワイ
□玖馬　キューバ
□羅府　ロサンゼルス
□巴奈馬　パナマ
□智利　チリ
□秘露　ペルー
□伯剌西爾　ブラジル

伴天連

勿怪

急遽

漫ろ

馬鈴薯

七種粥

半纏

畦道

奉奠

信天翁

艀

仄聞

剣呑

河豚

隔靴搔痒

梯子

草鞋

馬銜

燥ぐ

俚諺

漱ぐ

階梯

繋縛

只管

バテレン
神父。転じてキリシタン。

もっけ
意外。思いがけない。「勿怪の幸い」

きゅうきょ
大急ぎで。あわてて。「予定を急遽変更する」

そぞろ
「すずろ」とも読む。なんとなく。わけもなく。

ばれいしょ
ジャガイモのこと。

ななくさがゆ
一月七日に春の七草を入れて作る粥。

はんてん
羽織に似た丈の短い上着。

あぜみち
田と田の境の盛り上がった部分を道にしたもの。

ほうてん
神前につつしんで捧げること。

あほうどり
アホウドリ科の海鳥。国際保護鳥。

はしけ
本船と港との間を、乗客や荷物を乗せて結ぶ小舟。

そくぶん
うわさなどで人づてに聞くこと。

けんのん
危ないさま。

ふぐ
体つきの丸い海の魚。美味だが毒がある。

かっかそうよう
思い通りにならずにもどかしいこと。

はしご
立てかけて高所に上るための道具。

わらじ
わらで足形に編んだ履物。

はみ
くつわの、馬の口にくわえさせる部分。

はしゃぐ
浮かれて騒ぐ。調子づいて騒ぐ。

りげん
ことわざ。

くちすすぐ
「すすぐ」とも読む。うがいをする。

かいてい
はしご段。または初歩の入門書。

けいばく
しばりつけること。自由を束縛すること。

ひたすら
一つのことに集中するさま。一途なさま。

侃侃諤諤

比丘尼

弓箭

均す

銛

叡智

晦日

十重二十重

鉈

齎す

嗽

気息奄奄

窶れる

公魚

誂える

楔

墨西哥

譫言

胡乱

干瓢

跫音

鳥兜

黐の木

咀嚼

かんかんがくがく
遠慮なく意見を戦わせること。

びくに
出家した女性。あま。

きゅうせん
弓と矢。武器。

ならす
平らにする。

もり
魚を突いて捕らえる道具。

えいち
すぐれた知恵。

みそか
「つごもり」とも読む。三十日。転じて月の最後の日。

とえはたえ
幾重にも重なること。

なた
薪などを割るのに用いる刃物。

もたらす
持ってくる。ある状態を引き起こす。

うがい
水を含んで口中をすすぐこと。

きそくえんえん
息も絶え絶えなさま。

やつれる
やせ衰える。みすぼらしくなる。

わかさぎ
キュウリウオ科の淡水魚。湖などにすむ。

あつらえる
注文して作らせる。

くさび
割れ目に打ち込み物を割ったり押し上げたりする道具。

メキシコ
北アメリカ南部にある国。

うわごと
熱にうかされて無意識に発する言葉。

うろん
怪しげなさま。うさんくさいさま。

かんぴょう
ユウガオの実をむいて干した食品。

きょうおん
足音。「空谷（くうこく）の跫音」

とりかぶと
キンポウゲ科の植物。猛毒がある。

もちのき
モチノキ科の常緑高木。皮が鳥もちの原料になる。

そしゃく
かみ砕くこと。また、よく考え理解すること。

裃	榴弾	雲雀	鸚鵡
縮緬	欠片	皹	臥薪嘗胆
狢	銓衡	狒狒	逡巡
爾来	杓文字	虚空	怯懦
落魄	忖度	下衆	危殆
令法	艶姿	眦	希臘

おうむ
オウム科の鳥。人の言葉をまねる性質がある。

ひばり
ヒバリ科の鳥。鳴き声が美しい。

りゅうだん
命中と同時に破裂する砲弾。

かみしも
江戸時代の武士の礼服。

がしんしょうたん
雪辱を期して、苦労に耐えること。

ひび
寒さなどのために肌が乾燥して割れたもの。

かけら
物の破片。断片。

ちりめん
絹織物の一つ。細かく肌触りのよいしわが特徴。

しゅんじゅん
ためらうこと。

ひひ
大形のサル。マントヒヒ。

せんこう
よく調べて人を選ぶこと。

むじな
アナグマの異称。タヌキをさすこともある。

きょうだ
臆病で意気地のないさま。

こくう
何もない空間。

しゃもじ
飯を盛る時に使う道具。

じらい
以来。その後。

きたい
非常に危ないこと。「危殆に瀕《ひん》する」

げす
品性の卑しい者。

そんたく
相手の気持ちを推し量ること。

らくはく
落ちぶれること。

ギリシア
ヨーロッパ南部の国。古代文明が栄えた。

まなじり
目じり。「眦を決す」

あですがた
「えんし」とも読む。女性のあでやかな姿。

りょうぶ
リョウブ科の落葉小高木。山地に自生。

擯斥

日捲り

勾引かす

厨

采女

謦咳

旅籠屋

狼煙

鍍金

檳榔樹

股引

呷る

媼

展翅板

毛氈

女郎花

更紗

傅く

宿痾

所謂

蝮

蝙蝠

碌碌

咫尺

ひんせき
おしのけること。排斥。

ひめくり
毎日一枚ずつめくっていくカレンダー。

かどわかす
さらう。誘拐する。

くりや
台所。

うねめ
昔、宮中で天皇の世話をした女官。

けいがい
せきばらい。「謦咳に接する」

はたごや
旅人を宿泊させる所。旅館。

のろし
「ろうえん」とも読む。合図のためにあげる煙や火。

めっき
「ときん」とも読む。金属面を他金属の薄い層で覆うこと。

びんろうじゅ
ヤシ科の常緑高木。果実は薬用となる。

ももひき
タイツに似た衣服で、ズボンの下にはく下着。

あおる
酒などを勢いよく飲む。

おうな
老女。

てんしばん
標本にする昆虫の羽を広げて留める板。

もうせん
主に敷物に使われる毛織物の一つ。

おみなえし
オミナエシ科の多年草。秋の七草の一つ。

サラサ
人物・花鳥・幾何学模様などを染めた布。

かしずく
仕えて世話をする。

しゅくあ
長く患い続ける病。

いわゆる
世間で言うところの。俗に言う。

まむし
クサリヘビ科のヘビ。毒がある。

こうもり
羽のある小形の哺乳動物。洞窟などにすむ。

ろくろく
役に立たないさま。ろくすっぽ。

しせき
近い距離。また、高貴な人のそばまで近づくこと。

啜る	横溢	棗	這般
蓋然性	鏑矢	臍下丹田	矢鱈
推戴	碧潭	碇	催馬楽
瀰漫	驢馬	屠蘇	四方山
燻す	牛蒡	捗る	擡頭
出鱈目	蹲踞	刷毛	煙管

すする
口に吸い入れる。「うどんを啜る」

おういつ
あふれ出ること。

なつめ
クロウメモドキ科の落葉小高木。また、茶入れ。

しゃはん
これら。このたび。「這般の事情」

がいぜんせい
物事が起こる可能性。

かぶらや
かぶらのついた矢。空中で音を出して鳴る。

せいかたんでん
へその下。全身の精気が集まるという。

やたら
むやみ。みだり。

すいたい
指導者などをおしいただくこと。

へきたん
青々とした淵。

いかり
船が流されないようにする重り。

さいばら
古代の歌謡の一つ。平安時代に雅楽風の歌曲になった。

びまん
すみずみまで広がること。

ろば
馬に似た動物。耳が長いのが特徴。

とそ
正月の祝いに飲む酒。

よもやま
世間のこと。

いぶす
火をたいて煙をたてる。

ごぼう
キク科の二年草。食用の野菜。

はかどる
仕事などが順調に進む。

たいとう
頭をもたげること。勢力を得て、頭角を現すこと。

でたらめ
いい加減なこと。出まかせの言葉。

そんきょ
剣道や相撲で、試合前に向き合う際の姿勢。

はけ
ペンキを塗ったり汚れをはらったりする道具。

キセル
煙草を吸う道具。

骨牌

脇息

偏に

北叟笑む

履

悲憤慷慨

手摺

時化

佩用

傾城

瑰麗

鬘

重祚

諳じる

痙攣

逸る

狭窄

捗捗しい

骰子

西瓜

鶏冠

潸潸

簪

鯱立ち

カルタ
「こっぱい」とも読む。カルタ取りに使う札。

きょうそく
ひじかけ。

ひとえに
まったく。「偏に君のおかげだ」

ほくそえむ
物事が思い通りになって、ひそかに笑う。

しばしば
何度も。たびたび。

ひふんこうがい
世の中の不正を悲しみ憤ること。

てすり
階段などに、人がつかまるためについている柵。

しけ
風雨のために海が荒れること。

はいよう
身につけること。

けいせい
国を傾けるほどの美女。転じて、遊女のこと。

かいれい
すぐれて美しいさま。「瑰麗な文章」

かつら
作り物の髪。

ちょうそ
「じゅうそ」とも読む。退位した天皇が再び皇位につくこと。

そらんじる
暗誦する。

けいれん
筋肉がひきつること。ひきつけ。

はやる
気があせる。気がせく。

きょうさく
空間が狭くなること。「視野狭窄」

はかばかしい
仕事などが順調に進んでいるさま。

さいころ
双六(すごろく)などに使う立方体の道具。

すいか
ウリ科のつる草。実は夏の代表的な果物。

とさか
「けいかん」とも読む。ニワトリの頭部にある突起物。

さんさん
雨が降るさま。また、涙の流れるさま。

かんざし
女性が結った髪にさす飾り。

しゃちほこだち
逆立ち。

穭田

無聊

罌粟

喊声

瘋癲

醜女

鼯鼠

嗤笑

釣瓶

徒花

雄蕊

沛然

痼疾

鷹揚

澎湃

魑魅魍魎

擲つ

麓

鼎

木賊

嚥下

杜撰

基督

海豹

ひつじだ
刈り取った後の株から稲が一面に生え出た田。

ぶりょう
「むりょう」とも読む。何もすることがなく退屈なこと。

けし
ケシ科の二年草。阿片の原料となる。

かんせい
戦に勝ったときなどにあげる声。ときの声。

ふうてん
勝手気ままな生活をする者。

しこめ
「しゅうじょ」とも読む。顔の醜い女。

ももんが
ムササビに似たリス科の小動物。木と木の間を飛ぶ。

ししょう
あざ笑うこと。

つるべ
井戸の水をくむ桶。「釣瓶落とし」は一気に落ちること。

あだばな
咲いても実を結ばない花。また、実質を伴わないもの。

おしべ
「ゆうずい」とも読む。植物の花にある雄性生殖器官。

はいぜん
雨が激しく降るさま。

こしつ
持病。

おうよう
性格がこせこせせず、大らかなこと。

ほうはい
水がみなぎり波立つさま。物事が盛んに起こるさま。

ちみもうりょう
さまざまな化け物。

なげうつ
投げ捨てる。惜しみなく差し出す。

ふもと
山の下方の部分。山すそ。

かなえ
三本足の器。

とくさ
トクサ科の常緑シダ植物。

えんか
「えんげ」とも読む。物を飲み下すこと。

ずさん
手抜きが多く、いい加減なこと。「管理が杜撰だ」

キリスト
イエス・キリスト。人類の罪を負って十字架にかかった。

あざらし
「かいひょう」とも読む。アザラシ科の哺乳動物。

炒飯	背鰭	巨頭鯨	鮠
罅	端倪	潺湲	褥
螺鈿	聳立	壱岐	修祓
跨線橋	框	杵柄	簀子
恣	隘路	噎ぶ	俯瞰
楡	柾	胡瓜	搦手

はや
コイ科の淡水魚。ウグイ。

ごんどうくじら
大形のイルカ。頭が大きく、口はとがっていない。

せびれ
魚の背中にあるひれ。

チャーハン
中華料理の焼き飯。

しとね
布団。

せんかん
水がさらさらと流れるさま。

たんげい
推測すること。「端倪すべからず」

ひび
細かい割れ目。

しゅうふつ
「しゅうばつ」とも読む。おはらいをすること。

いき
九州と朝鮮半島の間にある島。

しょうりつ
そびえ立つこと。

らでん
漆器などの表面に貝殻の薄片をちりばめた細工。

すのこ
竹を編んだもの。細い板を間をおいて打ち付けたもの。

きねづか
杵のえ。「昔とった杵柄」

かまち
床などの端に渡す横木。「上がり框」

こせんきょう
線路の上にまたがって架かった橋。

ふかん
高い位置から見下ろすこと。

むせぶ
むせる。また、むせび泣く。

あいろ
狭い道。転じて物事を進めていく上でのさしさわり。

ほしいまま
勝手気ままにふるまうさま。

からめて
城の裏門。また、相手の弱点。

きゅうり
ウリ科の野菜。

まさき
ニシキギ科の常緑低木。

にれ
ニレ科の落葉高木。

自然薯

淋巴腺

鍼灸

網代

蚯蚓

鰊

瓦斯

綽名

女旱

紫蘇

顫動

頽唐

東風

羅紗

猖獗

円ら

忸怩

毀つ

首魁

予予

訥訥

繙く

反芻

鎹

じねんじょ
ヤマノイモ。

リンパせん
リンパ管の各所にある小さい膨らみ。リンパ節。

しんきゅう
はりときゅう。

あじろ
木や竹を組み合わせて作った魚を捕らえる仕掛け。

みみず
地中にすむ細長い下等動物。

にしん
ニシン科の魚。卵は数の子になる。

ガス
気体。

あだな
本名以外の呼び名。

おんなひでり
付き合ってくれる女性がいないさま。

しそ
シソ科の一年草。葉は独特の芳香があり、食用。

せんどう
ぶるぶると震えること。

たいとう
風紀が乱れ、不健全になるさま。

こち
春に、東から吹く風。

ラシャ
地が厚くけば立っている毛織物。

しょうけつ
大暴れすること。「猖獗を極める」

つぶら
まるくてかわいらしいさま。

じくじ
恥じ入るさま。「忸怩たる思い」

こぼつ
壊す。傷つける。

しゅかい
悪事の中心人物。

かねがね
以前から。前もって。

とつとつ
つかえつかえ話すさま。

ひもとく
書物などを開いて読む。

はんすう
食物を口に戻してかむこと。繰り返し味わうこと。

かすがい
材木の継ぎ目を固定する両端の曲がったくぎ。

聊か

微睡む

搗く

真菰

蟷螂

閂

齢

梵語

黛

濫りに

粉黛

朧月夜

割烹

呟く

顰蹙

船渠

金毘羅

粗目

炯炯

麾下

唆す

女衒

哄笑

阿る

いささか
少し。若干。

まどろむ
うとうとする。

つく
米などを杵などで押しつぶす。

まこも
イネ科の多年草。葉でむしろを織る。

かまきり
「とうろう」とも読む。鎌状の前肢を持つ昆虫。

かんぬき
門戸を閉ざすための横木。

よわい
年齢。

ぼんご
古代インドの文語であるサンスクリット語。

まゆずみ
眉をかくための墨。

みだりに
むやみに。好き勝手に。

ふんたい
化粧。または化粧をした美人。

おぼろづきよ
月がぼんやりと見える夜。

かっぽう
料理。特に本格的な日本料理のこと。

つぶやく
そっと独り言を言う。

ひんしゅく
不快感で顔をしかめること。

せんきょ
艦船の修理や点検を行う施設。ドック。

こんぴら
仏法の守護神。航海の安全を守る。

ざらめ
粒の粗い砂糖。または、紙などの目が粗いこと。

けいけい
目つきの鋭いさま。「炯炯たる眼光」

きか
将軍の指揮下にある兵士。

そそのかす
人を言い含めてある事をやらせる。

ぜげん
江戸時代、女を遊女屋に売る手引きを業とした者。

こうしょう
大きな声で無遠慮に笑うこと。

おもねる
こびへつらう。

第3章

超難読編

この章では、通常漢字表記されることのない当て字や、常識の範囲ではなかなか読めないような、読み方のきわめて難しい語を中心に収録しました。

●漢字検定レベル　主に1級

韃靼

注連縄

婀娜

咳く

神饌

嘶く

蒲公英

蟋蟀

塹

蒸籠

搏風

碾臼

梲

濫觴

玉蜀黍

瞋恚

儒艮

奠都

喬木

瑪瑙

鶚

囲繞

葫

冀う

だったん
モンゴル系の一部族。タタール。

しめなわ
神を祭る場所につるす縄。

あだ
なまめかしく、色気を感じさせるさま。

しわぶく
せきをする。

しんせん
神への供え物。

いななく
馬が鳴く。

たんぽぽ
キク科の多年草。果実には白い冠毛がある。

こおろぎ
コオロギ科の昆虫。オスは美しい声で鳴く。

たがね
はがねで作ったのみ。

せいろう
「せいろ」とも読む。もち米などを蒸す器。

はふ
日本家屋の切妻屋根の端につける山形の板。

ひきうす
二つの石盤の間に穀物を入れてひき、粉にする道具。

うだつ
「梲が上がらない」で、出世できない。

らんしょう
物事の始まり。源。

とうもろこし
イネ科の一年草。実は食用・飼料用に使われる。

しんい
「しんに」とも読む。目をむいて怒ること。

じゅごん
水棲の哺乳動物。人魚伝説のもととなったとされる。

てんと
新しく都を定めること。

きょうぼく
高い樹木。高木。

めのう
宝石の一つ。紅・緑・白などの美しい模様が特徴。

ひよどり
ヒヨドリ科の鳥。鳴き声はやかましい。

いにょう
「いじょう」とも読む。周りをとり囲むこと。

にんにく
ユリ科の多年草。食用となる。

こいねがう
切に願う。

燐寸

大八洲

木瓜

綸言

旋毛

栞

聽て

脹脛

強請

蛇蝎

犀

天鵞絨

鮎魚女

紙鑢

蹌踉めく

水黽

社稷

天網恢恢

九仞

樹懶

鹿尾菜

躱す

鑿

蕗の薹

マッチ
棒の先につけた火薬をこすって火を点ける道具。

おおやしま
日本の古称。

ぼけ
バラ科の落葉低木。春に白・紅色の花を咲かす。

りんげん
天子・天皇の言葉。みことのり。

つむじ
「せんもう」とも読む。髪が渦巻状に生えているところ。

しおり
道しるべ。または読みかけの本にはさむ目印。

やがて
そのうち。しばらくして。

ふくらはぎ
すねの後ろのふくらんだ部分。

ゆすり
相手の弱みにつけこんで金品を巻き上げること。

だかつ
ヘビとサソリ。転じて嫌われ者。

さい
サイ科の哺乳動物。熱帯にすむ。鼻の頭に角がある。

ビロード
手触りのよい柔らかな織物。ベルベット。

あいなめ
アイナメ科の魚。食用とされる。

かみやすり
紙状のやすり。サンドペーパー。

よろめく
足取りが乱れる。よろける。

あめんぼ
水棲昆虫。水面を滑るように進むのが特徴。

しゃしょく
国の守り神。転じて国家。

てんもうかいかい
「天網恢恢疎にして漏らさず」で、悪事は見逃さない。

きゅうじん
「九仞の功を一簣(いっき)にかく」で成功寸前で失敗する。

なまけもの
ナマケモノ科の哺乳動物。サルに似て、樹上で暮らす。

ひじき
ホンダワラ科の海藻。食用になる。

かわす
身をそらして避ける。「ひらりと身を躱す」

のみ
木材や石材を削る道具。

ふきのとう
フキの芽生えたばかりの花茎。

連翹

鯇

結跏趺坐

湯湯婆

馬喰

劈頭

鎌鼬

雪隠

新西蘭

白毫

箙

鏖殺

痞える

葎

鮟鱇

束子

御虎子

草臥れる

塵埃

遠流

埴猪口

鱧

羹

寒山拾得

れんぎょう
モクセイ科の落葉低木。

にべ
ニベ科の海魚。

けっかふざ
右足を左ももの上に左足を右ももの上にのせる座り方。

ゆたんぽ
中に湯を入れて足などを温める道具。

ばくろう
馬の仲買を業とする商人。

へきとう
物事の始まり。

かまいたち
つむじ風の影響で肌が刃物で切られたようになる現象。

せっちん
便所。

ニュージーランド
南太平洋オセアニアの国。

びゃくごう
仏の眉間（みけん）にあるという白い巻き毛。

えびら
矢を入れて背負うための武具。

おうさつ
皆殺しにすること。

つかえる
気持ちが高まって胸がふさがる。

むぐら
荒れ地や野原に繁茂するつる草の総称。

あんこう
深海にすむ巨大魚。鍋料理の食材。

たわし
食器などを洗う道具。

おまる
室内用の持ち運びできる便器。

くたびれる
疲れる。

じんあい
空気中のちりやほこり。

おんる
遠国への流刑に処すこと。

へなちょこ
未熟な者。くだらないもの。

はも
ハモ科の魚。骨が多いが美味。

あつもの
吸い物。「羹に懲りて膾を吹く」は無益な用心のこと。

かんざんじっとく
文殊・普賢の転生とされた唐代の僧。

垂んとする

囹圄

嬲る

懸壅垂

鶸色

花魁

盂蘭盆

田螺

迚も

籬垣

綯う

仰山

官衙

頽れる

縺れる

抑

蛞蝓

八咫鏡

加答児

蝸牛

膃肭臍

鳥黐

山毛欅

金雀枝

なんなんとする
まさになろうとする。

れいぎょ
「れいご」とも読む。牢屋。牢獄。

なぶる
いじめる。もてあそぶ。

けんようすい
のどちんこ。

ひわいろ
黄緑色。

おいらん
江戸時代の遊郭における位の高い遊女。

うらぼん
陰暦七月十五日に祖先の霊をまつる行事。

たにし
水田や池などにすむ貝。食用になる。

とても
どうしても。また、たいそう。

ませがき
柴などで作った垣根。

なう
より合わせる。「縄を綯う」

ぎょうさん
数や程度がはなはだしいさま。

かんが
官庁。

くずおれる
くずれるように倒れる。また、気落ちする。

もつれる
糸や髪の毛などがからみ合ってほどけなくなる。

そもそも
もともと。だいいち。

なめくじ
カタツムリに似た軟体動物。塩に弱い。

やたのかがみ
皇位継承の印である三種の神器の一つ。

カタル
粘膜の炎症。「大腸加答児」

かたつむり
「かぎゅう」とも読む。でんでんむし。

オットセイ
アシカ科の海洋動物。

とりもち
小鳥や虫を捕らえるための粘りのある物質。

ぶな
ブナ科の落葉高木。

エニシダ
マメ科の落葉低木。初夏に黄色の花を咲かす。

諄い

玳瑁

櫛風沐雨

怏怏

薺

流鏑馬

石南花

鰓

懈怠

鞴

麩

篳篥

酣

栄螺

嘸かし

椴松

蠢く

便追

鵺

薊

膕

鉄漿

蝦蛄

慈姑

くどい
しつこい。

たいまい
甲羅がべっこう細工の原料となるウミガメの一種。

しっぷうもくう
さまざまな苦労を経験すること。

おうおう
気がふさいで楽しくないさま。不満なさま。

なずな
アブラナ科の多年草。春の七草の一つ。

やぶさめ
馬を走らせながら的を射る競技。

しゃくなげ
ツツジ科の常緑低木。初夏、紅紫色や淡紅色の花が咲く。

えら
魚類の呼吸器。水中の酸素をとる働きをする。

けたい
「けだい・げたい」とも読む。なまけ、おこたること。

ふいご
金属の精錬のために用いる送風器。

はったい
米または麦の新穀を煎(い)ってひいた粉。麦こがし。

ひちりき
雅楽に用いる管楽器の一つ。

たけなわ
最高潮。「宴も酣」

さざえ
突起のあるこぶし状の巻貝。食用。

さぞかし
どれほど。よっぽど。

とどまつ
マツ科の常緑高木。北海道以北に分布。

うごめく
虫などが気味悪く動く。

びんずい
セキレイ科の鳥。夏は山地、冬は里で暮らす。

ぬえ
伝説上の怪獣。転じて正体不明なもの。

あざみ
キク科の多年草。春・秋に紫の花を咲かせる。

ひかがみ
ひざの後ろのくぼんだ部分。

おはぐろ
「かね」とも読む。既婚女性が歯を黒く染めること。

しゃこ
エビに似た甲殻動物。

くわい
オモダカ科の多年草。栽培変種。食用とする。

征戍

晨鶏

扠

衢

糝粉

茅屋

屯する

螺子

金盞花

糸瓜

目合

忽せ

箍

緋縅

鞣革

悴む

魚籠

喧喧囂囂

袱紗

萵苣

葦簀

褞袍

面罵

蜆

せいじゅ
国境を守ること。

しんけい
夜明けを告げるニワトリ。

さて
ところで。

ちまた
にぎやかな場所。町なか。

しんこ
白米を粉にしたもの。また、それから作ったもち。

ぼうおく
かやぶきの家。自分の家を謙遜して言う言葉。

たむろする
何人かの人が群れる。

ねじ
物を締めつけるために使うらせん状の溝のあるもの。

きんせんか
キク科の植物。初夏にオレンジ色の花を咲かす。

へちま
ウリ科のつる性一年草。実は食用となる。

まぐわい
目と目を合わすこと。転じて男女が交わること。

ゆるがせ
いい加減にしておくさま。「忽せにできない」

たが
桶や樽を締めるための竹の輪。「箍が外れる」

ひおどし
緋色の糸や革でつづった鎧。

なめしがわ
動物の皮をなめしてやわらかくしたもの。

かじかむ
手などが凍えて思うように動かなくなる。

びく
釣った魚を入れるかご。

けんけんごうごう
多くの人が口々にやかましく騒ぎ立てるさま。

ふくさ
絹製の小さなふろしき。

ちしゃ
キク科の一年草。レタス。

よしず
アシで編んだすだれ。

どてら
綿を入れた厚手の着物。

めんば
本人の面前で相手をののしること。

もぬけ
脱皮すること。抜け殻。「蛻の殻」

秣

輻輳

玻璃

榛

斑雪

目眩く

海石

爬羅剔抉

荊棘

鏤める

曩に

輦台

梳る

草莽

大鋸屑

蓖麻子油

螻蛄

竈馬

蘇芳

鱲子

巻繊汁

一入

洗滌

肖る

まぐさ
牛馬の飼料にする草。かいば。

ふくそう
多くの物事が一か所に集まり、混雑すること。

はり
七宝の一つ。水晶のこと。

はしばみ
カバノキ科の落葉低木。

はだれゆき
「はだらゆき」とも読む。まだらに消え残った雪。

めくるめく
目がくらむ。

いくり
海中の岩。暗礁。

はらてっけつ
隠れた人材を発掘すること。人の欠点を暴き出すこと。

けいきょく
妨げとなるもの。困難。

ちりばめる
金銀・宝石などをあちこちにはめこむ。

さきに
時間的に前に。以前に。

れんだい
昔、川を渡る人を乗せて、対岸へ運んだ台。

くしけずる
くしで髪をといて整える。

そうもう
「そうぼう」とも読む。主君に仕えていないこと。

おがくず
鋸（のこぎり）で木を切った後に残る細かい木屑。

ひましゅ
トウゴマの種からとった油。工業用・下剤用。

けら
「おけら」とも読む。地中にすむ昆虫。

かまどうま
カマドウマ科の昆虫。

すおう
インド・マレー原産のマメ科の低木。

からすみ
ボラの卵巣を塩漬けにして干した食品。

けんちんじる
豆腐・野菜を油でいためて具にした汁。

ひとしお
いっそう。ひときわ。

せんでき
「せんじょう」とも読む。洗うこと。洗ってすすぐこと。

あやかる
他人の幸福に対し、自分もそのようになりたいと思う。

心太

鬻ぐ

馬刀貝

生麩

窮鼠

鵜鶘

茶毘

矮鶏

捥ぐ

疫癘

洗膾

藁稭

歔欷

百日紅

喀痰

靫蔓

躊躇う

吾亦紅

茴香

通草

交交

鶚

馬酔木

島嶼

ところてん
テングサから作るつるつるした食べ物。

ひさぐ
売る。

まてがい
マテガイ科の貝。

なまふ
干したり焼いたりしていない麩。

きゅうそ
追いつめられたネズミ。「窮鼠猫をかむ」

みそさざい
ミソサザイ科の小鳥。鳴き声が美しい。

だび
火葬。「荼毘に付す」

チャボ
ニワトリの一種。愛玩用。尾が直立し、足が短い。

もぐ
ねじり取る。ひねり取る。

えきれい
疫病。はやり病。

あらい
魚の刺身を冷水で縮ませたもの。「スズキの洗膾」

わらしべ
稲の穂の芯。

きょき
すすり泣くこと。

さるすべり
「ひゃくじつこう」とも読む。ミソハギ科の落葉高木。

かくたん
痰を吐くこと。

うつぼかずら
熱帯産の食虫植物。ウツボカズラ科。

ためらう
二の足をふむ。躊躇（ちゅうちょ）する。

われもこう
バラ科の多年草。

ういきょう
セリ科の多年草。実の油は香辛料になる。

あけび
アケビ科のつる性低木。春に薄紫色の花を咲かす。

こもごも
相次いで。代わる代わる。

みさご
タカ科の鳥。海岸にすみ魚を食べる。

あしび
「あせび」とも読む。ツツジ科の低木。白色の花を咲かす。

とうしょ
大小の島々。

和漢名数①

◎**大和三山**
□畝傍山　うねびやま
□耳成山　みみなしやま
□香具山　かぐやま
◎**四座**
□観世　かんぜ
□金春　こんぱる
□宝生　ほうしょう
□金剛　こんごう
◎**京都五山**
□天竜寺　てんりゅうじ
□相国寺　しょうこくじ
□建仁寺　けんにんじ
□東福寺　とうふくじ
□万寿寺　まんじゅじ
◎**鎌倉五山**
□建長寺　けんちょうじ
□円覚寺　えんがくじ
□寿福寺　じゅふくじ
□浄智寺　じょうちじ
□浄妙寺　じょうみょうじ
◎**南都六宗**
□三論　さんろん
□法相　ほっそう
□成実　じょうじつ
□倶舎　くしゃ
□律　りつ
□華厳　けごん
◎**七道**
□東山道　とうさんどう
□東海道　とうかいどう
□北陸道　ほくりくどう
□山陰道　さんいんどう
□山陽道　さんようどう
□南海道　なんかいどう
□西海道　さいかいどう
◎**関八州**
□武蔵　むさし
□相模　さがみ
□安房　あわ
□上総　かずさ
□下総　しもうさ
□常陸　ひたち
□下野　しもつけ
□上野　こうずけ
◎**唐宋八大家**
□韓愈　かんゆ
□柳宗元　りゅうそうげん
□欧陽脩　おうようしゅう
□蘇洵　そじゅん
□蘇軾　そしょく
□蘇轍　そてつ
□曾鞏　そうきょう
□王安石　おうあんせき

和漢名数②

◎四書
□大学　だいがく
□中庸　ちゅうよう
□論語　ろんご
□孟子　もうし

◎五経
□易経　えききょう
□書経　しょきょう
□詩経　しきょう
□春秋　しゅんじゅう
□礼記　らいき

◎六書
□象形　しょうけい
□指事　しじ
□会意　かいい
□形声　けいせい
□転注　てんちゅう
□仮借　かしゃ

◎戦国七雄
□秦　しん
□楚　そ
□燕　えん
□斉　せい
□趙　ちょう
□魏　ぎ
□韓　かん

◎七僧
□講師　こうじ
□読師　どくし
□呪願師　じゅがんし
□三礼師　さんらいし
□唄師　ばいし
□散花師　さんげし
□堂達　どうだつ

◎八正道
□正見　しょうけん
□正思惟　しょうしゆい
□正語　しょうご
□正業　しょうごう
□正命　しょうみょう
□正精進　しょうしょうじん
□正念　しょうねん
□正定　しょうじょう

◎九流
□儒家　じゅか
□道家　どうか
□陰陽家　いんようか
□法家　ほうか
□名家　めいか
□墨家　ぼっか
□雑家　ざっか
□縦横家　じゅうおうか
□農家　のうか

栗鼠

大鮃

黄楊

蛾眉

茗荷

海象

斧鉞

瘡蓋

鉽力

蘚苔類

悄気る

卓袱

秘鑰

目交

腥い

驀進

蟒蛇

惚気る

嬶天下

橡

羆

沢瀉

白耳義

吶喊

りす
森林にすむネズミに似た小動物。

おひょう
カレイ科の海水魚。

つげ
ツゲ科の常緑小高木。

がび
美人。蛾の触角のような三日月形の眉から。

みょうが
ショウガ科の多年草。食用。

セイウチ
セイウチ科の大形の海獣。

ふえつ
おのとまさかり。転じて文章などを添削すること。

かさぶた
傷口の血が固まったもの。

ブリキ
薄い鉄板に錫（すず）をメッキしたもの。

せんたいるい
植物のうちの、コケの類。

しょげる
しょんぼりする。

しっぽく
中国風の食卓。朱塗りで、周囲に紅白の布を垂れる。

ひやく
秘密のことを知る手がかり。

まなかい
目と目との間。転じて目の前。

なまぐさい
魚などのいやなにおいがするさま。

ばくしん
まっしぐらに進むこと。

うわばみ
大蛇。おろち。転じて大酒飲み。

のろける
妻・夫や恋人との事を他人に得意げに話す。

かかあでんか
夫婦で妻のほうが威張っていること。

とち
トチノキ科の落葉高木。山地に自生する。

ひぐま
大形のクマ。日本では北海道にすむ。

おもだか
オモダカ科の多年草。水田や沼地に自生。

ベルギー
国名。ヨーロッパの北西部に位置する。

とっかん
鬨（とき）の声をあげること。また、突撃すること。

半田鏝

美人局

肉叢

梔子

卓袱台

曹達水

苧環

屹度

螽蟖

須く

撞木鮫

土竜

誑かす

板廂

含羞草

麻疹

伯林

梟雄

御稜威

乞巧奠

鸛

紙縒

以為えらく

熊襲

はんだごて
はんだづけをする道具。はんだは鉛と錫（すず）の合金。

つつもたせ
妻や情婦に男を誘惑させ、後にその男を恐喝する犯罪。

ししむら
肉のかたまり。

くちなし
アカネ科の常緑低木。夏に白い花を咲かせる。

ちゃぶだい
脚の低い食卓。

ソーダすい
炭酸水を甘くした清涼飲料水。

おだまき
キンポウゲ科の多年草。また紡いだ麻糸を巻いたもの。

きっと
たしかに。必ず。

きりぎりす
バッタに似た昆虫。オスは羽をすりあわせて鳴く。

すべからく
ぜひとも。必ず。

しゅもくざめ
サメの一種。頭部が撞木のようにT字型をしている。

もぐら
モグラ科の動物。地中で生活する。

たぶらかす
だます。惑わす。

いたびさし
板葺（いたぶき）のひさし。

おじぎそう
マメ科の一年草。触れると葉をたたむ。

はしか
小児に多い伝染病。赤い発疹が現れる。

ベルリン
ドイツの首都。

きょうゆう
残忍で強く、荒々しいこと。また、そのような人。

みいつ
君主の神々しい威光。

きこうでん
「きっこうでん」とも読む。七夕祭り。

こうのとり
コウノトリ科の鳥。特別天然記念物。

こより
和紙を細く切ってよったもの。

おもえらく
思っていることには。

くまそ
上代、今の九州南部に住んでいた種族。

蘖
床几
羚羊
鸚哥
轆轤台
鋤焼
斑鳩
雁擬き
佐保姫
耕返り
諾う
踝
沖醤蝦
帙
約やか
輔弼
努努
救恤
護謨
剰え
馴鹿
辛夷
鞣
髑髏

ひこばえ
切った根株から出た芽。

しょうぎ
野外で用いる腰掛け。

かもしか
「れいよう」とも読む。ウシ科の動物。

いんこ
オウム科の鳥。人の声を真似る。

ろくろだい
円形の陶器を作る際に用いる回転台。

すきやき
牛肉やねぎ・しらたき・春菊などを煮た料理。

いかる
「いかるが」とも読む。アトリ科の渡り鳥。

がんもどき
油揚げの中に野菜などを詰めた食べ物。

さおひめ
春を司る女神。

こむらがえり
ふくらはぎの筋肉が痙攣（けいれん）を起こすこと。

うべなう
同意する。そのとおりだと思って承知する。

くるぶし
足首の関節の左右に突起した部分。

おきあみ
エビに似た小形の生物。釣りのえさなどに用いる。

ちつ
書物を包むおおい。

つづまやか
手短なさま。また、質素でつつしみ深いさま。

ほひつ
君主を補佐すること。また、その職のこと。

ゆめゆめ
決して。必ず。「努努疑うなかれ」

きゅうじゅつ
困っている人に物を恵んで助けること。

ゴム
ゴムの木の樹液を原料とする伸び縮みする物質。

あまつさえ
それればかりか。その上。

トナカイ
シカ科の動物。大形で、寒い地域にすむ。

こぶし
モクレン科の落葉高木。春先に白い花を咲かせる。

こはぜ
足袋などの合わせ目を留める爪形の道具。

どくろ
「されこうべ・しゃれこうべ」とも読む。頭蓋骨。

顳顬
嗾ける
九十九折
躓く
阿吽
開豁
黄蘗
洪牙利
痘痕
漸う
蹄
慥かに
杣山
茱萸
虫螻
攲てる
剔抉
纜
後朝
翌檜
竹篦返し
叉焼
宸襟
夙に

こめかみ
額の両端部分で、物をかむと動く所。

けしかける
仕向けて攻撃的な態度をとらせる。

つづらおり
くねくねと折れ曲がった道。

つまずく
足先が何かに当たって転びそうになる。

あうん
息を吸うことと吐くこと。「阿吽の呼吸」

かいかつ
性格が開けっぴろげなさま。景色がひらけているさま。

きはだ
「おうばく」とも読む。ミカン科の落葉高木。

ハンガリー
中部ヨーロッパの国。首都はブダペスト。

あばた
「とうこん」とも読む。天然痘にかかったあと。

ようよう
ようやく。

ひづめ
馬などの足の先にある爪。

たしかに
その通りに。思った通りに。言われた通りに。

そまやま
伐採用の木を植林した山。

ぐみ
赤い実を結ぶ樹木。

むしけら
虫を卑しめて言う言葉。

そばだてる
斜めに立てる。「耳を欹てる」

てっけつ
ほじくり出すこと。あばき出すこと。

ともづな
船をつなぐ綱。

きぬぎぬ
共寝(ともね)した男女が翌朝、別れること。

あすなろ
ヒノキ科の樹木。「明日は檜になろう」の意から。

しっぺいがえし
「しっぺがえし」とも。ある事をされた時、仕返すこと。

チャーシュー
焼き豚。

しんきん
天皇・天子のお心。

つとに
早くから。以前から。

酸漿

石槨

御襁褓

花鶏

平仄

抓る

莫大小

雪花菜

畷

噯気

邯鄲

螫す

孑孑

先蹤

泥鰌

旁

鏢一文

梭魚

翫味

呱呱

篩

絆される

靴篦

綽綽

ほおずき
ナス科の多年草。赤い実をつける。

せっかく
棺を入れる石造りの箱。

おむつ
赤ん坊にはかせるもの。おしめ。

あとり
アトリ科のわたり鳥。秋・冬に日本に飛来する。

ひょうそく
「平仄が合わない」で、つじつまが合わない。

つねる
指先でつまんでひねる。

メリヤス
綿糸または毛糸で編んだ伸縮自在の織物。

おから
「きらず」とも読む。豆腐を搾（しぼ）ったかす。卯の花。

なわて
あぜ道。

おくび
げっぷ。「曖気にも出さない」はそぶりもみせない意。

かんたん
中国の都市。「邯鄲の夢」は人生のはかなさのたとえ。

さす
蚊や虫などが刺すこと。

ぼうふら
蚊の幼虫。

せんしょう
先例。

どじょう
淡水の泥の中にすむ魚。食用。

かたがた
ついでに。「つくり」と読めば漢字の右側の部分。

びたいちもん
ほんのわずかの金。「鐚一文払いたくない」

かます
カマス科の魚。口が突き出ている魚。

がんみ
食物をよくかみ味わう。物事の意義をよく考え味わう。

ここ
赤ん坊の泣き声。「呱呱の声をあげる」

ふるい
粒子の細かいものと粗いものを分ける道具。

ほだされる
情にひかれて行動を左右される。

くつべら
靴を履くときに足と靴の間に入れて履き易くする道具。

しゃくしゃく
ゆったりとしているさま。「余裕綽綽」

蝲蛄

貂

外郎

闡明

頤

御侠

魁

三鞭酒

鯣

竜涎香

糾う

翩翻

滾る

闖入

木菟

雛罌粟

独活

劈く

亜爾然丁

鶴嘴

金盥

小芥子

澪標

漁撈

ざりがに
エビの一種。カニのような大きなはさみがある。

てん
イタチに似た雑食の獣。

ういろう
名古屋名物の菓子。または小田原名産の同名の薬。

せんめい
今まではっきりしなかった道理を明らかにすること。

おとがい
したあご。

おきゃん
おてんば。

さきがけ
先陣を切ること。人々に先立って物事を始めること。

シャンパン
フランス・シャンパーニュ地方で作られる発泡酒。

するめ
イカを開いて干したもの。

りゅうぜんこう
マッコウクジラから採取する香料。

あざなう
縄などをより合わせる。「禍福は糾える縄の如し」

へんぽん
旗などがひらひらと翻るさま。

たぎる
わきあがる。煮え立つ。「血が滾る」

ちんにゅう
突然入りこむこと。乱入すること。

みみずく
フクロウに似た鳥。夜間活動する。

ひなげし
ケシ科の一年草。ポピー。五月ごろに咲く。

うど
ウコギ科の多年草。「独活の大木」

つんざく
突き破る。「耳を劈くような音」

アルゼンチン
南米大陸の東南部の国。

つるはし
土を掘り返すのに使う道具。工事現場などで使われる。

かなだらい
金属製のたらい。

こけし
東北地方特産の木製の人形。

みおつくし
船が安全に通れる水路を示した目印。

ぎょろう
漁をすること。

熾る

薨去

序で

巍巍

鏃

嚱り

擱筆

流離う

丁髷

塒

枳殻

裲襠

檁

薯蕷汁

矍鑠

背馳

発条

耄碌

遷化

栖

箆棒

鬣

一縷

粽

おこる
炭が盛んに燃える。

こうきょ
皇族または三位以上の人が死ぬこと。

ついで
あることを行う時、あわせて別のことを行うよい機会。

ぎぎ
山の高く大きいさま。「巍巍たる山容」

やじり
矢の先のとがった部分。

しゃっくり
横隔膜の痙攣（けいれん）で起こる現象。

かくひつ
筆を置くこと。文章を書き終えること。

さすらう
あてもなく放浪する。

ちょんまげ
江戸時代まで男性が結っていた髷。

ねぐら
鳥の寝るところ。転じて人の住まい。

からたち
ミカン科の落葉低木。

うちかけ
武家の婦人の礼服。現在は、花嫁衣装の一つ。

かんじき
履物の下に付けて足が雪に埋もれないようにするもの。

とろろじる
すりおろしたヤマノイモなどを汁に加えた食べ物。

かくしゃく
老人がきびきびと元気なさま。

はいち
反対になること。そむくこと。

ぜんまい
「ばね・はつじょう」とも読む。渦巻状の鋼鉄のばね。

もうろく
年老いて体が衰え、思考力が鈍ること。

せんげ
高僧が死ぬこと。

すみか
住む家。住まい。

べらぼう
程度がひどいさま。「箆棒な値段」

たてがみ
馬やライオンの首に生えている毛。

いちる
わずかなつながり。ごくわずか。かすか。

ちまき
笹などでもち米を巻いて蒸した食品。

絹莢

鶉

青梗菜

竜攘虎搏

減張

熨斗

壁蝨

凌霄花

可惜

鉞

魘される

四阿

男鰥

陵

鵲

鰆

稍

耆婆

弄る

天蚕糸

紙魚

旗魚

悪阻

柳葉魚

きぬさや
さやえんどう。

うずら
キジ科の鳥。肉・卵ともに食用。

チンゲンサイ
中国野菜の一つ。

りゅうじょうこはく
強い者同士が戦うこと。

めりはり
ゆるめることと張ること。

のし
祝い用の進物につける紙製のもの。

だに
節足動物の一種。人や動物の血を吸うものもある。

のうぜんかずら
ノウゼンカズラ科のつる性落葉樹。花には毒がある。

あたら
惜しくも。もったいなくも。「可惜チャンスを逸す」

まさかり
大形の斧（おの）。

うなされる
悪い夢を見るなどして苦しそうな声を出す。

あずまや
屋根を四方へふき下ろした建物。

おとこやもめ
妻を亡くして独りで暮らす男。

みささぎ
天皇・皇后などの墓所。

かささぎ
カラス科の鳥。肩と腹が白く、その他は黒い。

さわら
サバ科の海魚。春先に多くとれる。

やや
分量・程度がわずかであるさま。しばらくの間。

ぎば
古代インドの名医。

まさぐる
「いじる・いじくる」とも読む。手でもてあそぶ。

てぐす
釣り糸に用いられる透明な糸。

しみ
紙や衣類を食う害虫。

かじき
長い角のある魚。カジキマグロ。

つわり
「おそ」とも読む。妊娠初期の吐き気を催す現象。

シシャモ
キュウリウオ科の魚。丸干しにして食べる。

新嘗祭

晩稲

燠

菰

産土

面皰

山楝蛇

柿落とし

須臾

酢漿草

海驢

壟断

瑞典

蔬菜

延縄

波蘭

疣

山雀

夢寐

魞

鼈

鴟尾

鴻毛

巫山戯る

にいなめさい
「しんじょうさい」とも読む。宮中の年中行事の一つ。

おくて
遅く成熟する稲。転じて成熟の遅い人。

おき
赤くなった炭火や、薪（まき）の燃えさし。

こも
マコモ。マコモで作ったむしろ。

うぶすな
その人の生まれた土地。

にきび
顔などにできる、青年期特有のできもの。

やまかがし
ヘビの一種。毒を持つ。

こけらおとし
劇場が新築・改築をして初めて行う興行。

しゅゆ
わずかの時間。

かたばみ
カタバミ科の多年草。春から秋に黄色い花が咲く。

あしか
アシカ科の海洋動物。

ろうだん
独占すること。

スウェーデン
北欧の立憲君主国。首都はストックホルム。

そさい
野菜。青物。

はえなわ
一本の縄に多数の釣り針をつけた漁具。

ポーランド
ヨーロッパ東部の国。首都はワルシャワ。

いぼ
皮膚の一部が突き出たもの。

やまがら
シジュウカラ科の鳥。

むび
夢を見ている間。眠っている間。

えり
細長く屈曲した袋状に竹簀（たけす）を立てて魚を捕る装置。

すっぽん
カメの一種で、鍋料理の食材として珍重される。

しび
仏殿の屋根に付けられたトビの尾をかたどった装飾。

こうもう
おおとりの毛。極めて軽いもののたとえ。

ふざける
おどけたり、いたずらをしたりすること。

※本書は、小社刊『きっと誰かに教えたくなる　読めるようで読めない漢字2500』『きっと誰かに教えたくなる　読めるようで読めない超難読漢字2000』の一部を加筆し、再編集したものです。

読めそうで読めない
漢字2000

2020年2月10日　第1刷発行
2024年3月10日　第7刷発行

編　者――――一校舎漢字研究会
発行者――――永岡純一
発行所――――株式会社永岡書店
〒176-8518　東京都練馬区豊玉上1-7-14
代表☎03(3992)5155
編集☎03(3992)7191
DTP――――センターメディア
印刷――――誠宏印刷
製本――――ヤマナカ製本

ISBN978-4-522-43793-3　C0076

落丁本・乱丁本はお取替えいたします。